核心素养导向下
初高中数学衔接教程

邵爱国 ▶ 编著

西南大学出版社

图书在版编目(CIP)数据

核心素养导向下初高中数学衔接教程 / 邵爱国编著. -- 重庆：西南大学出版社, 2023.7
ISBN 978-7-5697-1850-8

Ⅰ.①核… Ⅱ.①邵… Ⅲ.①中学数学课—初中—升学参考资料 Ⅳ.①G634.603

中国国家版本馆CIP数据核字(2023)第092901号

核心素养导向下初高中数学衔接教程
HEXIN SUYANG DAOXIANG XIA CHUGAOZHONG SHUXUE XIANJIE JIAOCHENG

邵爱国　编著

责任编辑｜刘　玉
特邀编辑｜刘晓庆
责任校对｜李青松
装帧设计｜闻江文化
排　　版｜夏　洁
出版发行｜西南大学出版社(原西南师范大学出版社)
　　　　　地址：重庆市北碚区天生路2号
　　　　　邮编：400715
印　　刷｜重庆市涪陵区夏氏印务有限公司
幅面尺寸｜185 mm×260 mm
印　　张｜11.5
字　　数｜265千字
版　　次｜2023年7月 第1版
印　　次｜2023年7月 第1次印刷
书　　号｜ISBN 978-7-5697-1850-8
定　　价｜49.80元

序

依据学制,我国的学校教育包含小学、初中、高中、大学四个阶段.义务教育阶段,数学学科又进一步分为第一学段(1~2年级)、第二学段(3~4年级)、第三学段(5~6年级)、第四学段(7~9年级)四个学段.各学段在培养目标、课程内容、教学管理、教学方式方法等方面既有一定的延续性,又有较大的差异性.由于学生的智力发展、身心成长、个性形成等都是连续的,并不像学段划分那样存在明显的阶段性,所以现实中存在的学段划分与孩子成长的连续性之间就产生了冲突,而这种冲突就需要科学实施学段衔接来解决.于是,学段衔接就成为一个需要迫切研究解决的现实问题,也是当前学校教育教学研究的热点.

一直以来,国家政策层面多次关注基础教育学段衔接问题,2010年颁布的《国家中长期教育改革和发展规划纲要(2010—2020年)》强调人才培养体制改革要"树立系统培养观念,推进小学、中学、大学有机衔接",对培养人、发展人提出系统性要求;2010年,《教育部关于深化基础教育课程改革 进一步推进素质教育的意见》指出要"进一步加强中小学各学段、各学科课程内容的有机衔接",明确了课程内容的建设要求;2014年,《教育部关于全面深化课程改革 落实立德树人根本任务的意见》提出要"基本建成高校、中小学各学段上下贯通、有机衔接、相互协调、科学合理的课程教材体系;基本确立教育教学主要环节相互配套、协调一致的人才培养体制",从课程、教材、教学等方面提出明确的意见;2019年,《中共中央 国务院关于深化教育教学改革全面提高义务教育质量的意见》指出要"注重做好幼小衔接";2022年,教育部颁布的《义务教育课程方案和课程标准(2022年版)》明确提出"加强学段衔接,实现了核心素养目标在整个基础教育的贯通设计","依据学生从小学到初中在认知、情感、社会性等方面的发展,合理安排不同学段内容,体现学习目标的连续性和进阶性.了解高中阶段学生特点和学科特点,为学生进一步学习做好准备".《义务教育数学课程标准(2022年版)》明确数学核心素养具有整体性、一致性和阶段性.通过义务教育阶段及高中阶段的数学学习,学生逐步会用数学的眼光观察现实世界,会用数学的思维思考现实世界,会用数学的语言表达现实世界.核心素养的主要表现及其内涵体现出一致性和发展性,如高中阶段要求落实的核心素养数学抽象,在初中表现为抽象能力,而在小学表现为数感、量感和符号意识,其本质要求上是一致的,只是在层次上体现了发展性,这为学校及教师开展学段衔接教学提供了政策与教育理论支撑.

教育是一个系统性、长期性工程,基础教育阶段的学段衔接在这个过程中起到了桥梁纽带作用,涉及课程、德育、教学、教研、教师、家校等诸多方面.学校只有运用系统性、结构性思维来实践研究学段衔接,立足于促进学生的全面且可持续发展,着力做好培养目标的一致性、课程建构的整体性和学校治理的现代化,才能打破学段间的壁垒,全面提升育人实效.深圳高级中学(集团)主张小学、初中、高中一体化办学,在德育体系建设、课程建设、教学管理、学生评价等方面,制订了一系列学段融通的制度、计划与实施方案,打出了小初、初高学段衔接"组合拳",如学校构建了GLOBE课程体系与教学模式,并在集团内各学校全面推广应用;学校举办了一系列学段衔接教研活动,积极探索基于集团内跨学科、跨学段联合教研.特别是,集团在探索建构学段衔接课程上,做出了积极的探索,取得了较为丰富的成果.其中,"核心素养导向下初高中数学衔接教程"是该教育集团的代表性研究成果之一,也是该教育集团在学段衔接课程建设上取得的一项新进展.

数学是整体性、关联性、系统性极强的基础性学科,学生已有的知识基础和认知经验对他们未来的数学学习会形成显著影响.帮助学生适应现代生活和进一步学习必备的基础知识、基本技能、基本思想和基本活动经验,学会用整体的、联系的、发展的眼光看问题,形成科学的思维习惯,是数学教育的重要任务.一方面,需要教师在日常教学中让学生充分经历知识的形成过程,注重过程与结果相结合,重视通性通法,理解数学的本质,使学生获得良好的"四基",提升"四能";另一方面,需要教师整体把握教学内容,帮助学生了解数学知识的产生与来源、结构与关联、价值与意义,获得学习研究数学对象的基本策略与方法.义务教育阶段和普通高中阶段的数学课程理念是一致的,即使得人人都能获得良好的数学教育,不同的人在数学上得到不同的发展.义务教育阶段的数学教育是面向所有的适龄儿童的,课程内容及教学要求都需符合所有适龄儿童的学习发展需要,这确定了义务教育阶段的数学课程具有基础性、普及性和发展性的特点,以帮助学生树立学习的自信心,促进学生积极主动学习.当前我国高中阶段的学生虽是经过初中学业水平考试后选拔出来的,但同一所高中学校的学生,他们的知识基础及智力发展水平还是有显著的差异.学习对象的显著性差异要求课程内容及教学要求都要做出科学的调整,以实施因材施教,促进学生的发展,帮助学生迎接未来高考的挑战.如关于整式的运算,高中需要学生能较为熟练地进行整式的恒等变形,所需要运用的知识较义务教育阶段数学课程标准要求的内容更多,对整式运算的各种技能要求更高,所解决的整式恒等变形的问题类型更丰富,因而需要做好初高中衔接教学.在初高中衔接教学阶段,根据高中数学学习的需要补充必需的课程内容,以帮助学生更好地学习高中数学,增强学习的自信心.

《核心素养导向下初高中数学衔接教程》一书在"衔接专题"部分,包括"函数的概念、性质、图象及其变换""建立函数模型解决实际问题""代数式的基本运算及其拓展"等十二讲,每一讲既努力做好对义务教育阶段数学课程核心内容的复习与巩固,也努力根据高中阶段数学学习的需要,对义务教育阶段已学习过的知识与方法进行必要的补充与拓展.例如,第一讲"函数的概念、性质、图象及其变换"在引导学生复习巩固一次函数、反比例函数与二次函数的图象及性质的基础上,突出解决真实问题所运用的数形结合、分类讨论、模型思想等数学思想方法的渗透,同时补充了函数图象的轴对称变换、分段函数等知识,所选例题、习题的难度也较义务教育阶段数学课程标准的要求有所拔高;第三讲"代数式的基本运算及其拓展"在复习巩固已学习过的整式的乘除及因式分解等知识的基础上,补充了高中需要用到的十字相乘法分解因式、立方和(差)公式等知识,并在公式的正向、逆向、综合运用等方面提出更高的要求等,都着眼于引导学生为未来高中数学学习的需要做准备.同时,书中的内容具有层次性与递进性,丰富的例题及解析也可以帮助学生通过自主探究学习达到较好的理解掌握.因此,该书作为初高中衔接教学的校本教学资源,对部分数学学习较为优秀的学生来说,可以帮助他们提前做好高中数学学习准备.

数学是思维的科学,在形成人的理性思维、科学精神和促进个人智力发展中发挥着不可替代的作用.发展学生的理性思维,这是数学学科的根本任务.从日常教学来讲,就是要培养学生既要讲道理,更要讲推理;既要重视思维的创新性,也要重视思维的自然性、有序性,努力做到解决问题方法与思维发展的协同.从学段衔接教学来讲,重要的是做好学段间数学思维、数学学习方法与学习习惯等方面的有效衔接.《核心素养导向下初高中数学衔接教程》一书,既关注问题解决思维过程的探索,也重视解决问题过程的数学表达,在培养学生思维的严谨性、有序性方面做出了积极的探索.同时,对于书中的例题或习题,作者努力做到给出多种解题思路,且这些解题思路尽可能是学生学习过程中所熟知的,这对培养学生发散性思维、创新意识以及促进自主学习,引导学生形成良好的数学学习习惯与解决问题的思维习惯,都具有较大的现实意义.

在本书即将出版之际,通过阅读学习该书稿,感受到了作者在衔接教学上的智慧,感动于他们在衔接教学上所做出的创造性贡献,特写出了上述的体会与感受.

是为序.

义务教育数学课程标准修订组组长
中国数学会数学教育分会常务副理事长
北京师范大学数学科学学院教授

2023年1月25日

目录 CONTENTS

◀ 衔接课标 ▶　　　　　　　　　　　　　　　　　　　　　　1

◀ 衔接专题 ▶　　　　　　　　　　　　　　　　　　　　　　15

　第一讲 ▶ 函数的概念、性质、图象及其变换 …………………… 16
　第二讲 ▶ 建立函数模型解决实际问题 ………………………… 25
　第三讲 ▶ 代数式的基本运算及其拓展 ………………………… 37
　第四讲 ▶ 方程(不等式)的解及其几何意义 …………………… 45
　第五讲 ▶ 方程的区间根与有限制条件的最值问题 …………… 53
　第六讲 ▶ 几何不变量与动态几何初探 ………………………… 60
　第七讲 ▶ 平面图形的折叠与空间图形的展开 ………………… 67
　第八讲 ▶ 三角形的"四心"及其应用 …………………………… 77
　第九讲 ▶ 几何法与解析法 ……………………………………… 86
　第十讲 ▶ 计数原理与组合数学 ………………………………… 94
　第十一讲 ▶ 概率与统计及其运用 ……………………………… 106
　第十二讲 ▶ 简单的数论知识 …………………………………… 113

◀ 衔接训练 ▶　　　　　　　　　　　　　　　　　　　　　　121

　衔接训练(一) ……………………………………………………… 122
　衔接训练(二) ……………………………………………………… 126
　衔接训练(三) ……………………………………………………… 132

◀ 参考答案 ▶　　　　　　　　　　　　　　　　　　　　　　139

衔接课标

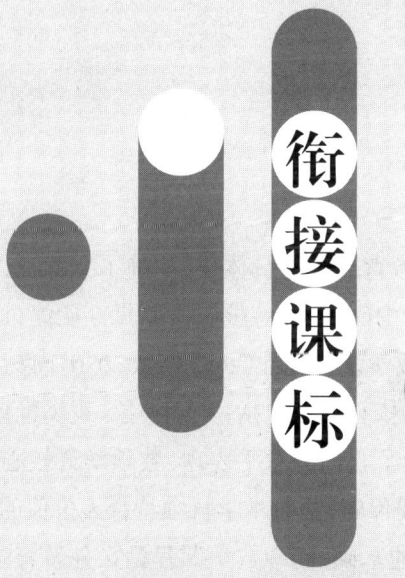

中国学生发展核心素养是党的教育方针的具体化,明确了立德树人的重要途径和关键环节,是落实立德树人根本任务的中间桥梁.将核心素养贯穿始终,这是对高中课程标准修订提出的明确要求.《普通高中数学课程标准(2017年版2020年修订)》(以下简称《高中课程标准》)明确提出了"数学学科核心素养包括:数学抽象、逻辑推理、数学建模、直观想象、数学运算和数据分析",并给出了它们的水平表现.数学学科核心素养是学生形成、发展核心素养的重要组成部分和前提保障,是数学学科独特育人价值的集中体现.义务教育阶段的数学课程是高中数学课程的基础,高中数学课程是义务教育阶段数学课程的延续和发展.因此,《义务教育数学课程标准(2022年版)》(以下简称《义务课程标准》)在整体上与《高中课程标准》具有一致性,以核心素养为导向,落实立德树人根本任务.但义务教育阶段课程标准如何落实立德树人根本任务、落实核心素养、将义务教育阶段的核心素养与高中阶段的核心素养有机衔接,这是一个关键且重要的问题.

为了落实《教育部关于全面深化课程改革 落实立德树人根本任务的意见》,《高中课程标准》把数学学科核心素养描述为"具有数学基本特征的思维品质、关键能力以及情感、态度与价值观的综合体现".

通过高中阶段的数学教育培养出来的人是什么样的呢?数学学科是基础教育阶段最为重要的学科之一,通过基础教育阶段的数学教育,无论接受教育的人将来从事的工作是否与数学有关,最终的培养目标都可以描述为:会用数学的眼光观察现实世界,会用数学的思维思考现实世界,会用数学的语言表达现实世界.

数学眼光是什么呢?它主要表现为数学抽象.数学源于对现实世界的抽象,基于抽象结构,通过符号运算、形式推理、模型构建等,理解和表达现实世界中事物的本质、关系和规律.正因为有了数学抽象,使得数学能够揭示普遍规律,数学的第一个基本特征——一般性才得以形成.与数学抽象关系密切的是直观想象,直观想象是实现数学抽象的思维基础,是人在思维的过程中逐渐形成的思想方法和思考能力,因此直观想象是数学学科核心素养之一.

数学思维是什么呢？它主要表现为逻辑推理.数学的发展依赖的是逻辑推理,通过逻辑推理得到数学的结论,也就是数学命题.推理是指从一个命题判断到另一个命题判断的思维过程,其中的命题是指可供判断正确或错误的陈述句.所谓逻辑推理,就是从一些前提或者事实出发,依据一定的规则得到或者验证命题的思维过程,这里所说的规则是指推理过程具有传递性.正因为有了逻辑推理,数学的第二个基本特征——严谨性才得以形成.数学运算是一种特殊的逻辑推理,在计算机技术迅猛发展的时代,数学运算显得尤为重要,因此数学运算是数学学科核心素养之一.

数学语言是什么呢？它主要表现为数学模型.数学模型使得数学回归于外部世界,构建了数学与现实世界的桥梁.在现代社会,几乎所有的学科在科学化的过程中都要使用数学语言,除了数学符号的表达之外,主要是通过建立数学模型刻画研究对象的性质、关系和规律.正是因为有数学建模,数学的第三个基本特征——广泛性才得以形成.在大数据时代,数据分析变得越来越重要,逐渐形成了一种新的数学语言,因此数据分析是数学学科核心素养之一.

由此可以看出,数学育人的目标体系:党的教育方针——中国学生发展核心素养——"三会"——"四基""四能".培养目标(有理想、有本领、有担当)——课程目标——单元目标——课时目标."三会"明确了学生学习数学课程后应达成的正确价值观念、必备品格和关键能力,体现了数学课程教学对全面贯彻党的教育方针、落实立德树人根本任务、发展素质教育的独特育人价值,是核心素养与数学课程教学内在联系的桥梁.同时,在"基于核心素养的数学课程目标体系"中,"四基""四能"目标是核心素养目标在数学教学中的具体化、细化,是日常教学中落实核心素养目标的出发点和归宿.

数学课程承担着落实学生数学核心素养的重任,从而对初高中数学的衔接问题提出了新的挑战,中学教师必须学习《义务课程标准》和《高中课程标准》,明晰数学课程在初高中不同阶段所承载的任务,做好初高中数学衔接工作.

一、课程视角

(一)初高中核心素养主要表现的对比

数学核心素养是通过数学活动逐步形成与发展的正确价值观、思维品质与关键能力,它反映了数学的学科特征及其独特的育人价值,是现代社会每一个公民应当具备的基本素养.数学课程要培养的学生核心素养,主要包括以下三个方面:会用数学的眼光观察现实世界,会用数学的思维思考现实世界,会用数学的语言表达现实世界.

核心素养具有整体性、一致性和阶段性,在不同的阶段具有不同的表现.

表1 义务教育、高中阶段的核心素养的主要表现

核心素养	各阶段主要表现			跨学科表现
	小学	初中	高中	
会用数学的眼光观察现实世界	数感	抽象能力	数学抽象	创新意识
	量感			
	符号意识			
	几何直观	几何直观	直观想象	
	空间观念	空间观念		
会用数学的思维思考现实世界	运算能力	运算能力	数学运算	推理意识
	推理意识	推理能力	逻辑推理	
会用数学的语言表达现实世界	数据意识	数据观念	数据分析	应用意识
	模型意识	模型观念	数学建模	

初中阶段的核心素养侧重对概念的理解,是学生通过对学科基本概念的理解,所逐步形成的对学科特征、问题与思考方式的理性认识.其特点是带有学科特征,相对稳定,可以形成初步的思维模式,对如何进行数学思考、解决数学问题有一定的指导作用.

高中阶段的核心素养侧重对实践的掌握,是一种基于问题解决的稳定的心理特征,是学生在掌握数学双基的基础上,通过数学活动和问题解决将数学基本思想方法内化的结果.其特点是可以外显为问题解决的效率与思维品质.

(二)初高中课程基本理念的对比

初中课程的基本理念是确立核心素养导向的课程目标,设计体现结构化特征的课程内容,实施促进学生发展的教学活动,探索激励学习和改进教学的评价方式,促进信息技术与数学课程融合.

高中课程的基本理念是以学生发展为本,立德树人,提升素养;优化课程结构,突出主线,精选内容;把握数学本质,启发思考,改进教学方式;重视过程评价,聚焦素养,提高质量.

(三)初高中核心素养要求的对比

对比初中、高中的核心素养的要求,明晰初中阶段和高中阶段分别对学生的要求.

表2　初中、高中的核心素养的要求

核心素养	初中阶段	核心素养	高中阶段
会用数学的眼光观察现实世界	数学眼光主要表现为:抽象能力、几何直观、空间观念与创新意识.通过对现实世界中基本数量关系与空间形式的观察,学生能够直观理解所学的数学知识及其现实背景;能够在生活实践和其他学科中发现基本的数学研究对象及其所表达的事物之间简单的联系与规律;能够在实际情境中发现和提出有意义的数学问题,进行数学探究;逐步养成从数学角度观察现实世界的意识与习惯,发展好奇心、想象力和创新意识	数学抽象	通过高中数学课程的学习,学生能在情境中抽象出数学概念、命题、方法和体系,积累从具体到抽象的活动经验;养成在日常生活和实践中一般性思考问题的习惯,把握事物的本质,以简驭繁;运用数学抽象的思维方式思考并解决问题
		直观想象	通过高中数学课程的学习,学生能提升数形结合的能力,发展几何直观和空间想象能力;增强运用几何直观和空间想象思考问题的意识;形成数学直观,在具体的情境中感悟事物的本质
会用数学的思维思考现实世界	数学思维主要表现为:运算能力、推理能力.通过经历独立的数学思维过程,学生能够理解数学基本概念和法则的发生与发展,数学基本概念之间、数学与现实世界之间的联系;能够合乎逻辑地解释或论证数学的基本方法与结论,分析、解决简单的数学问题和实际问题;能够探究自然现象或现实情境所蕴含的数学规律,经历数学"再发现"的过程;发展质疑问难的批判性思维,形成实事求是的科学态度,初步养成讲道理、有条理的思维品质,逐步形成理性精神	逻辑推理	通过高中数学课程的学习,学生能掌握逻辑推理的基本形式,学会有逻辑地思考问题;能够在比较复杂的情境中把握事物之间的关联,把握事物发展的脉络;形成重论据、有条理、合乎逻辑的思维品质和理性精神,增强交流能力
		数学运算	通过高中数学课程的学习,学生能进一步发展数学运算能力;有效借助运算方法解决实际问题;通过运算促进数学思维发展,形成规范化思考问题的品质,养成一丝不苟、严谨求实的科学精神

(续表)

核心素养	初中阶段	核心素养	高中阶段
会用数学的语言表达现实世界	数学语言主要表现为：数据观念、模型观念、应用意识.通过经历用数学语言表达现实世界中的简单数量关系与空间形式的过程，学生初步感悟数学与现实世界的交流方式；能够有意识地运用数学语言表达现实生活与其他学科中事物的性质、关系和规律，并能解释表达的合理性；能够感悟数据的意义与价值，有意识地使用真实数据表达、解释与分析现实世界中的不确定现象；欣赏数学语言的简洁与优美，逐步养成用数学语言表达与交流的习惯，形成跨学科的应用意识与实践能力	数学建模	通过高中数学课程的学习，学生能有意识地用数学语言表达现实世界，发现和提出问题，感悟数学与现实之间的关联；学会用数学模型解决实际问题，积累数学实践的经验；认识数学模型在科学、社会、工程技术等诸多领域中的作用，提升实践能力，增强创新意识和科学精神
		数据分析	通过高中数学课程的学习，学生能提升获取有价值信息并进行定量分析的意识和能力；适应数字化学习的需要，增强基于数据表达现实问题的意识，形成通过数据认识事物的思维品质；积累依托数据探索事物本质、关联和规律的活动经验

(四)核心素养下初高中数学课程标准的对比

数学素养界定为：在运用数学知识和技能以及数学思想分析和解决问题的过程中，形成和发展的促进个体和社会不断发展进步的关键能力和必备品格，它是数学知识、数学能力、数学意识、数学思想、数学人文和数学精神等多个层面的综合体现.

下表从数学素养6个维度，对比正在实施的《义务课程标准》和《高中课程标准》，并进行整理.

表3 核心素养下初高中数学课程标准的对比

维度	初中阶段	高中阶段
数学知识	获得适应未来生活与发展必需的重要数学知识和必要的应用技能	获得进一步学习以及未来发展必需的数学的基础知识、基本技能、基本思想、基本活动经验
数学能力	具有初步的实践能力，在情感态度和一般能力上得到充分发展	重视数学建模活动和数学探究活动，促进学生应用能力的发展
数学意识	初步学会用数学思维去观察、分析社会，增强应用数学的意识	提高从数学角度发现、提出、分析和解决问题的能力，学会用数学眼光观察现实世界，发展逻辑推理和数学运算素养，学会用数学语言表达现实世界，发展数学建模和数据分析素养
数学思想	获得基本的数学思想方法	注重知识背后的数学思想、方法的贯通，注重形、数之间的结合

(续表)

维度	初中阶段	高中阶段
数学人文	体会数学与自然、社会的联系,了解数学价值,增进对数学的理解和学好数学的信心	整体把握教科书内容与社会生活、科技发展的联系,开拓学生的数学视野,激发学生的学习兴趣与好奇心
数学精神	具有初步的创新精神	促进学生创新精神的发展,引导学生树立良好的科学态度和培养严谨的科学精神

从表3可知,高中阶段比初中阶段在对数学知识、数学思想、数学能力、数学意识、数学人文和数学精神等方面要求有明显的提高.

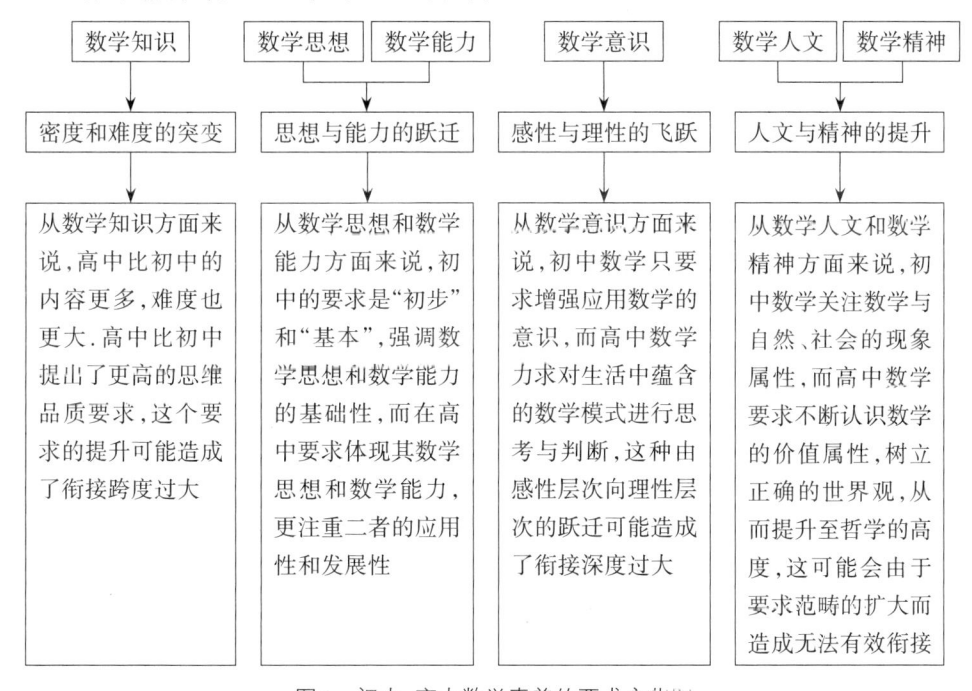

数学知识	数学思想 数学能力	数学意识	数学人文 数学精神
密度和难度的突变	思想与能力的跃迁	感性与理性的飞跃	人文与精神的提升
从数学知识方面来说,高中比初中的内容更多,难度也更大.高中比初中提出了更高的思维品质要求,这个要求的提升可能造成了衔接跨度过大	从数学思想和数学能力方面来说,初中的要求是"初步"和"基本",强调数学思想和数学能力的基础性,而在高中要求体现其数学思想和数学能力,更注重二者的应用性和发展性	从数学意识方面来说,初中数学只要求增强应用数学的意识,而高中数学力求对生活中蕴含的数学模式进行思考与判断,这种由感性层次向理性层次的跃迁可能造成了衔接深度过大	从数学人文和数学精神方面来说,初中数学关注数学与自然、社会的现象属性,而高中数学要求不断认识数学的价值属性,树立正确的世界观,从而提升至哲学的高度,这可能会由于要求范畴的扩大而造成无法有效衔接

图1 初中、高中数学素养的要求变化图

二、现实状况

初中教育与高中教育有很大的不同,基于初高中学生的差异性、高中数学内容的抽象等原因,先以合适的内容为载体,用适当的时间进行"衔接教学",是非常必要的.下面将从教材内容、数学知识、学生的思维方式、学生的学习方法、教师的教学方法等方面探究初高中数学衔接存在的问题.

(一)教材内容的不同

初中数学教材:每一个新知识的引入往往与学生日常生活实际很贴近,体现了数学是人们生活、劳动和学习必不可少的工具.定理、定义、公式的得出都是通过"直观感知——归纳总结——得出结论"这样的过程,遵循从感性认识上升到理性认识的认知规律,所以学生容易理解、接受和掌握.教材叙述方法比较简单,语言通俗易懂,直观性、趣味性强,结论容易记忆,多为研究常量,题型少而简单.

高中数学教材:高中数学必修一就出现了较抽象的概念,如集合、函数、映射等.在后续的学习中,像这样抽象的概念还很多,如异面直线、导数、排列和组合等,抽象思维和空间想象的内容较多,知识难度加大.高中数学习题类型多,解题技巧灵活多变,多为研究变量、字母,不仅注重计算,而且注重理论分析,体现了"起点高、难度大、容量大"的特点.

由于初高中教材知识点多,对学生能力的要求高,经过近几年教材内容的调整,虽然初高中教材都降低了难度,但相比之下,初中降低的幅度大,出现了有的内容不讲或讲得较浅(如二次函数及其应用)这一现象,但这部分内容不列入高中教材.而高中需要经常提到或应用它来解决其他数学问题,造成了高中数学实际难度没有降低.因此,调整后的教材不仅没有缩小初高中教材内容的难度差距,反而增加了差距.如不采取补救措施,查漏补缺,学生成绩的分化是不可避免的.

(二)数学知识的"脱节"

现有初高中数学知识存在"脱节"现象,这些脱节点的出现,会阻碍初高中数学的衔接,使得很多初中学生毕业升入高中后,对高中数学知识的理解存在困难,造成学生学习成绩大幅下降.

表4　初中、高中数学知识的"脱节"

数学知识	初中阶段	高中阶段
立方和公式、立方差公式	已删去不讲	需要用这两个公式进行运算
因式分解中的十字相乘法	一般只限于二次项系数为"1"的二次三项式的因式分解,对系数不为"1"的涉及不多,而且对三次或高次多项式的因式分解不作要求	许多问题都需要利用十字相乘法分解因式,在解决函数求定义域、值域等问题时就需要应用十字相乘法解二次不等式,其中还会涉及很多二次项系数不为"1"的二次三项式因式分解问题
二次根式中的分母有理化	不作要求	经常出现无理式的运算,对分母有理化是高中学生必备的数学运算技能
二次函数、二次不等式与二次方程的联系	不作要求	是重要内容

(续表)

数学知识	初中阶段	高中阶段
含有参数的函数、方程、不等式	不作要求,在初中的教材中出现很少,只作定量研究	是重点、难点
几何部分很多概念、性质(如三角形的重心、垂心、外心、内心等)和定理(如平行线分线段成比例定理、射影定理)	没有学	会涉及
图象的对称、平移变换	简单介绍	讲授函数后,对其图象的上、下、左、右平移,两个函数关于原点、轴、直线的对称问题必须掌握
配方法、换元法、待定系数法	教学中要求较低	会常用

(三)学生的思维方式不同

在初中数学学习阶段,虽然抽象思维能力在教学中起着基础性的作用,但是直观具体的观察也发挥着十分积极的功能.

高中数学的学习则基本都是以抽象思维能力作为主要的思维方式,学生不仅要理解众多的抽象概念,而且要运用所学的概念、定理等,进行繁杂的推理与判断,并逐渐培养辩证思维的能力.

(四)学生的学习方法不同

在初中,教师讲得细,类型题归纳得全,学生练习的时间多,重点题型反复练习的次数多,属于"步子小、多台阶、走得慢"的教学方式,学生只要记准概念、题型、公式即可.初中生在数学课程学习过程中对于机械性记忆的依赖性比较强,在解题过程中总是偏好于套路,对于整个数学知识体系缺乏全面的认识与理解,对于各个知识点之间的联系把握也不是很准.

高中生在数学课程的学习过程中对于解题思路以及解题方法的理解程度是比较深刻的.在高中数学学习中,由于课容量大,内容多,时间相对较少,教师不可能把题型讲全、讲细,只能选讲一些具有典型性的题用以巩固所学的基本知识和基本概念,属于"台阶少、步子大、走得快"的教学方式.在高中数学教学中,要求学生养成自主学习的好习惯,要勤于思考,善于归纳总结,课上认真记笔记,课后认真复习.

(五)教师的教学方法不同

初中课堂教学:题型简单,课时较充足,因此课容量小,进度慢,教师有充分的时间对重难点内容进行反复强调,对各类习题的解法进行举例示范.少数教师往往通过题海战术,让学生死记硬背解题方法和步骤,寄希望于死记硬背获得高分,致使学生难于形成正确的学习方法.由于中考的压力较大,初中阶段教师抓得很紧,从新课到习题教师都讲得很细、很全,没有留给学生自学和思考的空间,学生养成了过分依赖教师的学习习惯.

高中课堂教学:注重理论分析,强调数学知识和数学思想方法的实际应用,使高中数学更有数学味.高中数学内容抽象,多研究变量、字母,注重计算,这与初中相比增加了难度.高中教师在授课时强调数学思想和方法,在严格的论证和推理上下功夫,这对学生的要求较高.而一些学生还停留在原来已习惯了的被动接受方式中,对新的教学方法很不习惯.高中的知识点多,课容量大,上课进度快,对重难点内容没有更多的时间巩固,对各类型题也不可能讲全、讲细,这也使一些学生不适应高中学习而影响成绩的提高.

三、初高中数学衔接的策略

(一)整体把握教材

教师应该从学生的现有认知出发,从中找到初高中数学的衔接点.而教师能准确定位到初高中数学的衔接点,就需要其对整个初高中数学教材内容有一个整体宏观的把握.初中数学教师可以适当拓宽初中数学的知识体系,适当拓展初中数学课程目标所要求的广度和深度,注重知识点间的联系,有意识地培养学生的抽象思维、应用意识、创新意识等,为后续的学习做好铺垫.

(二)编制校本教材

新一轮课程改革,为了减轻学生负担,降低了教材的难度,删减了一些内容,使得一些学有余力的学生课内、课后都"吃不饱",而且在反复的教学过程中浪费了这些学生的时间.所以要结合初中学生的学习情况和初中教材的知识内容编写校本教材,把初中教材中没有讲透、没有讲解而到高中后又必须掌握的知识编进去,如立方和公式,立方差公式,因式分解中的十字相乘法,二次根式中的分母有理化,二次函数、二次不等式与二次方程的联系,含有参数的函数,含有参数的方程,含有参数的不等式,几何部分中的很多概念和性质(如三角形的重心、垂心、外心、内心等),几何部分中的很多定理(如平行线分线段成比例定理、射影定理),图象的对称和平移变换,等等.校本教材的编制要以学校条件和学生实际情况为出发点,遵循全覆盖、低起点、小步调、缓坡度的原则,找到连接初高中数学知识的"脱节点"的桥梁.

(三)开展专题教学

根据本地中考数学试题、学生的培优情况,适当进行专题教学.为提高学生解决问题的能力,在教学中教师要提炼和总结出一些常用的数学解题模型:中线倍长、将军饮马模型、胡不归模型、定弦定角、最值问题、等腰三角形的存在性问题、直角三角形存在性问题、截长补短、瓜豆原理、阿氏圆问题等.在解题教学中教师要善于抓住问题的特点,充分利用解题模型分析问题,体会解题模型中所蕴含的结论及思想方法,构建解题模型来求解问题,这对于发展学生思维能力、拓宽解题思路、培养创新意识、提升数学素养有现实意义.

对于一些成绩优异的学生,可补充中点公式、两点间的距离公式、斜率公式、两角和(或差)的正余弦公式、点到直线的距离等,以专题教学的形式让他们提前接触高中的一些知识,既能扩大学生的知识量,又能在重点高中学校的自主招生数学测试中取得高分.

(四)关注数学思想

初高中教学的衔接不应仅仅关注显性的知识,更应关注蕴含在知识中的数学思想,引导学生逐步形成适应高中数学教学的学习习惯和思维方式.如函数是学生进入高中后学习的第一个重要概念,其中蕴含的思想以及研究的方法贯穿于高中数学教学的始终.

数学思想蕴含在数学知识形成、发展和应用的过程中,是数学知识和方法在更高层次上的抽象和概括.数学教学不仅要重视知识的教学,而且应当注重引导学生感悟数学思想.如初中教学二次函数的图象时,就应当注重展示由"数"想"形"的过程,即:引导学生根据这个函数解析式,探索它的图象可能具有什么特征.反过来,还可引导学生由"形"想"数",即:由二次函数的图象可以发现数量之间的一些变化关系(如函数的增减性).如果初中阶段这样进行函数图象的教学,注重引导学生感悟数与形的内在联系,那么高中教学指数函数、对数函数、三角函数等图象就有了坚实的基础.

数学教学不仅结论重要,在获取结论的过程中蕴含的数学思想和方法也很重要.数学的基本思想,体现了数学的本质,统摄性强,有着广泛的应用.引导学生在研究问题的过程中感悟数学思想,将有助于学生逐步形成科学的思维方式.

(五)加强能力培养

数学教学需要培养的能力:数学阅读理解能力、数学语言表达能力、数学推理与数学运算能力、数学画图与空间想象能力、数学探究与创造能力、数学问题解决能力等.其中数学关键能力是数学教育在新时代的基本诉求,是数学课程深度学习的重要任务,是数学核心素养的必备成分,它蕴含数学学科本质,具有领域核心地位.追求能力价值取向,以课程标准及相关研究为基础,初步构建了数学关键能力的操作性定义,数学关键能力包括数学抽象能力、直观想象与化归能力、数学猜想与论证能力、数学运算能力、数据分析与预测能力、数学建模能力.要在初中阶段、高中阶段的学习中培养关键能力,各阶段的能力要求不同,能力的培养要参照"高中生数学关键能力操作指标"的方向.

表5 高中生数学关键能力操作指标

关键能力	具体操作指标
数学抽象能力	能结合具体的实际案例,解释数学概念
	能在具体情境中抽象出概念、规律与定理,在特例的基础上形成数学命题
	能理解相关抽象的数学命题,并用语言进行描述
直观想象与化归能力	能建立几何图形与实物之间的关系,借助图形发现数学规律
	能利用图形与图形、图形与数量的关系,理解数学内容之间的相互联系
	能对复杂的数学问题进行化归,形成直观模型
数学猜想与论证能力	能利用归纳、类比的方法发现数量或图形的性质及其关系
	能利用数学特例,对发现的猜想进行简单验证
	能合理分析数学命题的条件与结论关系,选择适切的论证方法进行演绎证明
数学运算能力	能确定运算的对象,明确运算的方向
	能在运算情境中理解运算法则,感悟其中的算理
	能理解数学运算方法的一般性,掌握运算的通性通法
数据分析与预测能力	能识别随机现象,发现并提出概率或统计的相关问题
	能利用概率或统计思维分析随机现象的本质,发现其中的统计规律
	能理解数据所蕴含的信息,并借助数据信息进行合理的推断与预测
数学建模能力	能对实际问题加以描述,并将其转化为数学问题
	能从数学角度分析问题,在具体情境中建立符合情理的数量或图形关系
	能运用数学符号语言清晰、准确地表达与交流问题解决的过程与结果

数学能力是随着知识的发生而同时形成的,无论是形成一个概念、掌握一条法则,还是解决一个问题,都应该从不同的能力角度来培养和提高.

(六)注重学法衔接

初高中阶段都要重视培养学生良好的学习习惯.为使学生尽快适应高中的学习,在初中的教学中要注意培养学生良好的学习习惯,如要求学生上课专心听讲,上课认真记笔记,课后及时复习,独立完成作业,作业书写规范,等等.教师在教学中要勤检查,勤督促.在教学中要强化这些好的学习习惯,学生只有养成了良好的学习习惯,才能在教师的有效引导下顺利渡过初高中的衔接阶段.

(七)注重教法衔接

初中阶段要注重培养学生的自学能力.教会学生自学、培养学生的自学能力是教之根本,所以初中教师要改变现有的教学方式,对学生的学习不要包办代替,在适当的时机,通过适当的方式,以适当的载体,培养学生的自学能力.初中阶段要培养学生的反思能力,如一章结束后要求学生用图表归纳结论和要点,弄清重点概念和定理、公式,清楚要掌握哪些基础知识.另外,初中教师要注重教材探究材料、阅读材料的利用,组织学生认真探究,培养学生探究意识和自主学习的习惯,使学生升入高中后能尽快适应高中的学习.

衔接专题

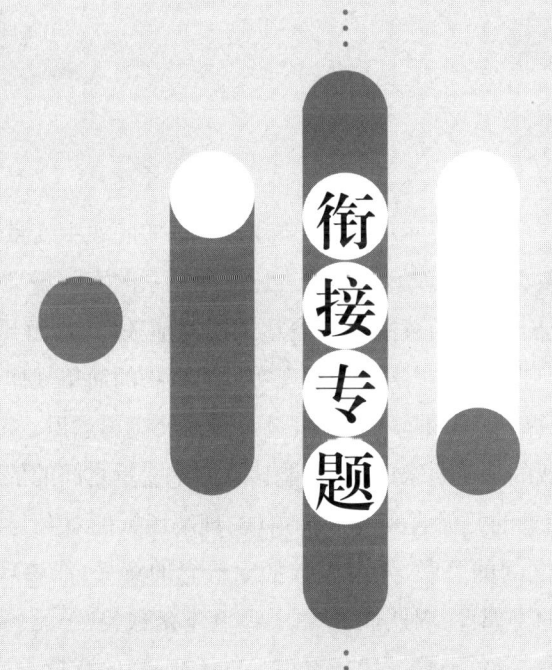

第一讲 函数的概念、性质、图象及其变换

《义务课程标准》对函数的教学提示中指出:要通过对现实问题中变量的分析,建立两个变量之间变化的依赖关系,让学生理解用函数表达变化关系的实际意义;要引导学生借助平面直角坐标系中的描点,理解函数图象与表达式的对应关系,理解函数与对应的方程、不等式的关系,增强几何直观;会用函数表达现实世界事物的简单规律,经历用数学的语言表达现实世界的过程,提升学习数学的兴趣,进一步发展应用意识.

《高中课程标准》对函数的学业要求中指出:能够从两个变量之间的依赖关系、实数集合之间的对应关系、函数图象的几何直观等多个角度,理解函数的意义与数学表达;理解函数符号表达与抽象定义之间的关联,知道函数抽象概念的意义.能够理解函数的单调性、最大(小)值,了解函数的奇偶性、周期性;掌握一些基本函数类(一元一次函数、反比例函数、一元二次函数、幂函数、指数函数、对数函数、三角函数等)的背景、概念和性质.能够对简单的实际问题选择适当的函数构建数学模型,解决问题;能够从函数观点认识方程,并运用函数的性质求方程的近似解;能够从函数观点认识不等式,并运用函数的性质解不等式.

由两个课程标准可以看出,高中阶段除了从两个变量的依赖关系外,还需要从实数集合之间的对应关系、函数图象来理解函数的意义,相对于义务教育阶段理解函数表达的实际意义,高中更具有抽象性,更注重符号意识.在函数图象与方程、不等式的关系中,义务教育阶段偏重从几何直观来理解三者之间的联系,高中阶段要求运用函数的观点来认识方程和不等式,并利用函数的性质对方程的近似解和不等式进行求解,运用直观想象来厘清数学运算的思路,探寻数学运算的方向和路径,将复杂的问题简单化、直观化.

学生对于函数的学习,更多的是思维方式的不适应,义务教育偏重直观、形象,高中阶段偏重抽象、运用,要做好初高中衔接,一是要利用好初中已学的函数知识和积累的研究

函数的经验,二是要在初中的基础上进一步提升函数概念的抽象层次,使学生理解重新定义函数概念的必要性,掌握抽象符号表示的方法.因此,本节内容的初高中衔接的关键在于思维的衔接,对于函数性质由形象到抽象,由具体到一般,用代数运算和函数图象研究函数的单调性、奇偶性、最大(小)值等主要性质,注重变化中的规律、不变性;对于图象由"静"到"动",注重函数图象的平移、旋转等几何变换,同时注重解析式系数由具体数值到参数,使学生深化对参数的理解,培养学生处理参数的能力.

衔接要点

初中阶段一般是根据函数解析式的自变量的系数为具体数值的前提下画函数图象,当系数由具体数值变为字母(参数)时,图象由形象过渡到抽象,这是初中到高中的重要的衔接点(见题1);初中阶段比较两个代数式的大小,一般采用作差或者作商的方法,将代数式转化为函数,利用函数图象来直观探究自变量的变化引起因变量的变化,从较为复杂的计算比较到直观的图象比较,数形结合思想的灵活应用是初高中的重要的衔接点(见题2);初中阶段对于函数是"形如……"的"样子+条件"来定义的,高中阶段知识点的定义体现的是"性质+判定",二者之间的衔接需要深刻理解(见题3);初中阶段的图形变换——平移、旋转和轴对称,常出现在平面几何中,对于函数图象的几何变换怎么思考,往往转化为图象上的点在平面直角坐标系中的坐标变化,变换应用在平面几何的形到应用在函数图象的数的衔接,是重要的思维的转变(见题4).

1. 一次函数 $y=kx+b$ 与二次函数 $y=kx^2+bx$ 在同一坐标系中的图象不可能是( ).

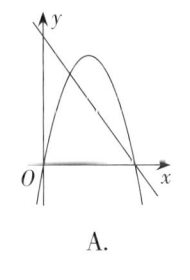

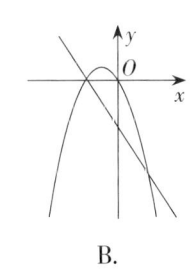

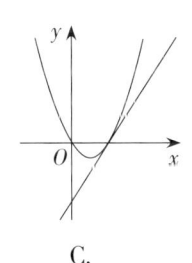

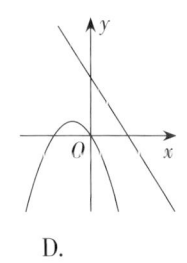

A.　　B.　　C.　　D.

【解析】

方法一:分类讨论

①如图1-1所示,若 $k>0$,$b>0$,则一次函数的图象经过一、二、三象限,抛物线开口向上,且对称轴为直线 $x=-\dfrac{b}{2k}<0$,在 y 轴的左侧;

②如图1-2所示,若 $k<0$,$b<0$,则一次函数的图象经过二、三、四象限,抛物线开口向下,且对称轴为直线 $x=-\dfrac{b}{2k}<0$,在 y 轴的左侧;

③如图1-3所示,若$k>0,b<0$,则一次函数的图象经过一、三、四象限,抛物线开口向上,且对称轴为直线$x=-\dfrac{b}{2k}>0$,在y轴的右侧;

④如图1-4所示,若$k<0,b>0$,则一次函数的图象经过一、二、四象限,抛物线开口向下,且对称轴为直线$x=-\dfrac{b}{2k}>0$,在y轴的右侧.

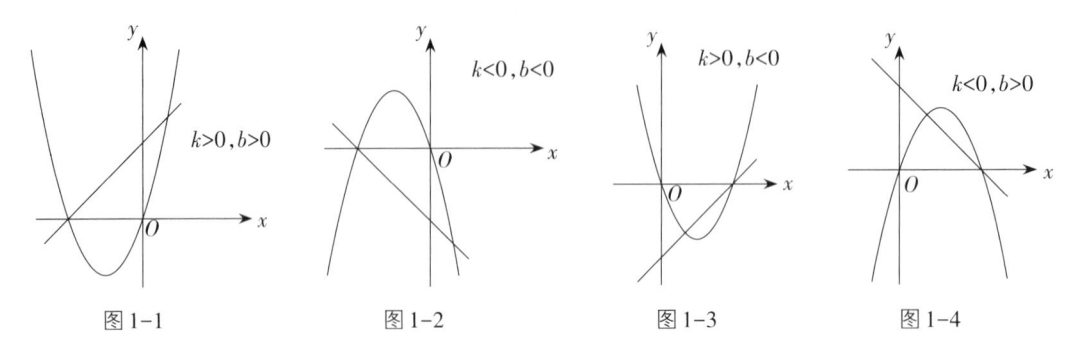

图1-1　　　　　图1-2　　　　　图1-3　　　　　图1-4

综上所述,同一坐标系中的图象不可能是D选项,故选:D.

方法二:逐项分析

A.由一次函数可知$k<0,b>0$;由抛物线可知$k<0,b>0$,故正确;

B.由一次函数可知$k<0,b<0$;由抛物线可知$k<0,b<0$,故正确;

C.由一次函数可知$k>0,b<0$;由抛物线可知$k>0,b<0$,故正确;

D.由一次函数可知$k<0,b>0$;由抛物线可知$k<0,b<0$,故错误.

故选:D.

2.已知$k<0$,若$x_1<x_2$,且$\dfrac{k}{x_1}>\dfrac{k}{x_2}$,则(　　　).

A.$x_1<0,x_2<0$　　　B.$x_1>0,x_2>0$　　　C.$x_1<0,x_2>0$　　　D.$x_1>0,x_2<0$

【解析】

方法一:

$\because \dfrac{k}{x_1}>\dfrac{k}{x_2}$,$\therefore \dfrac{k}{x_1}-\dfrac{k}{x_2}=\dfrac{k(x_2-x_1)}{x_1 x_2}>0$,即$k(x_2-x_1)\cdot x_1 x_2>0$,

又$\because k<0,x_2-x_1>0,\therefore x_1 x_2<0$,即$x_1<0,x_2>0$,故选:C.

方法二:

如图1-5所示,点$A\left(x_1,\dfrac{k}{x_1}\right)$,$B\left(x_2,\dfrac{k}{x_2}\right)(x_1<x_2)$在反比例函数$y=\dfrac{k}{x}(k<0)$上,且$\dfrac{k}{x_1}>\dfrac{k}{x_2}$,则$x_1<0,x_2>0$,故选:C.

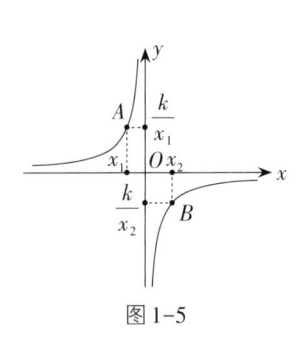

图1-5

3. 若 $y=\dfrac{m}{x^{m^2-m-1}}$ 是正比例函数,且 $y=(n-1)x^{n^2+n-3}$ 是反比例函数,则 $m=$ ____ ,$n=$ ____ .

【解析】

∵ $y=\dfrac{m}{x^{m^2-m-1}}=m \cdot x^{-(m^2-m-1)}=m \cdot x^{-m^2+m+1}$ 是正比例函数,

∴ $\begin{cases} -m^2+m+1=1, \\ m \neq 0, \end{cases}$ 解得 $m=1$.

∵ $y=(n-1)x^{n^2+n-3}=(n-1) \cdot \dfrac{1}{x^{-n^2-n+3}}=\dfrac{n-1}{x^{-n^2-n+3}}$ 是反比例函数,

∴ $\begin{cases} -n^2-n+3=1, \\ n \neq 1, \end{cases}$ 解得 $n=-2$.

∴ $m=1,n=-2$.

4. 如果将直线 $y=kx+b$ 先向左平移2个单位长度,再向上平移1个单位长度后,所得直线与原直线重合,则 k,b 的取值范围分别是____.

【解析】

∵ $y=kx+b$ 向左平移2个单位长度得 $y=k(x+2)+b$,再向上平移1个单位长度得 $y=k(x+2)+b+1$,又∵与原直线 $y=kx+b$ 重合,∴ $2k+b+1=b$,解得:$k=-\dfrac{1}{2}$,b 为全体实数.

问题探究

由衔接要点的探究,我们发现初中阶段主要探究单一表达式的函数的性质,那么由多个不同表达式的组合函数(或复合函数),它们的单调性、最值等性质是如何探究的呢?作为初高中都扮演重要角色的一次函数的几何变换是怎样的呢?初中所熟悉的简单分配问题变为较为复杂的实际生活的问题,利用函数的单调性又是如何解决具体问题的最值呢?下面我们一起来探究吧!

问题 ❶

如图1-6,已知正方形 $ABCD$ 的边长为1 m,点 P,Q 在正方形的边上,且分别以1 m/s 和2 m/s 的速度运动.若点 P,Q 同时出发,且分别沿着路径 $D \to C$ 和 $A \to B \to C$ 运动时,$\triangle APQ$ 的面积 S 是关于时间 t 的函数.

(1)写出该函数的表达式;
(2)作出该函数的图象.

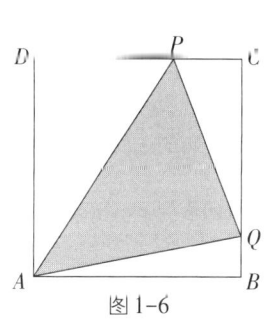

图1-6

【解析】

(1)

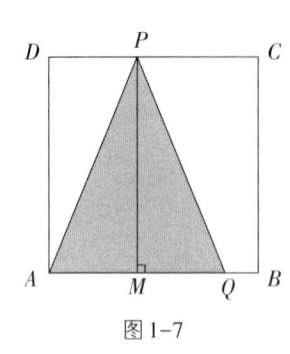

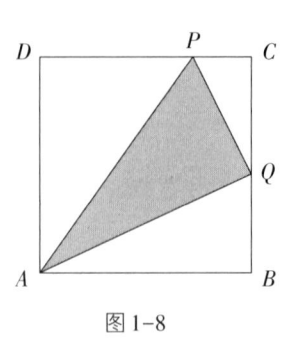

图 1-7

图 1-8

① 如图 1-7，当 $0<t\leqslant\dfrac{1}{2}$ 时，$S=\dfrac{1}{2}AQ\cdot PM=\dfrac{1}{2}AQ\cdot AD=\dfrac{1}{2}\cdot 2t\cdot 1=t$；

② 如图 1-8，当 $\dfrac{1}{2}<t<1$ 时，

$S=S_{正方形ABCD}-S_{\triangle ADP}-S_{\triangle PCQ}-S_{\triangle ABQ}=1-\dfrac{1}{2}AD\cdot DP-\dfrac{1}{2}CP\cdot CQ-\dfrac{1}{2}AB\cdot BQ$

$=1-\dfrac{1}{2}t-\dfrac{1}{2}(1-t)(2-2t)-\dfrac{1}{2}(2t-1)=-t^2+\dfrac{1}{2}t+\dfrac{1}{2}$.

综上，$S=\begin{cases}t, 0<t\leqslant\dfrac{1}{2},\\ -t^2+\dfrac{1}{2}t+\dfrac{1}{2}, \dfrac{1}{2}<t<1.\end{cases}$

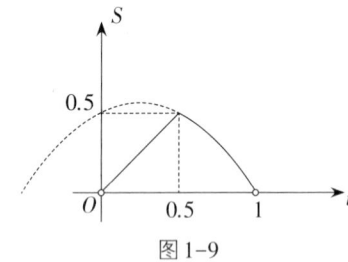

(2) 函数图象如图 1-9 所示.

图 1-9

问题 ❷

对任意给定的正实数 x，有 $y=\min\{x+2,\dfrac{3}{x},4-x\}$，即 y 取三个实数 $x+2,\dfrac{3}{x},4-x$ 中的最小值.

(1) 写出函数 y 的表达式，并作出其图象；

(2) x 为何正实数时，y 的值最大？最大值是多少？

【解析】

(1) ① 当 $0<x\leqslant 1$ 时，$y=\min\{x+2,\dfrac{3}{x},4-x\}=x+2$；

② 当 $1<x\leqslant 3$ 时，$y=\min\{x+2,\dfrac{3}{x},4-x\}=\dfrac{3}{x}$；

③ 当 $x>3$ 时，$y=\min\{x+2,\dfrac{3}{x},4-x\}=4-x$.

如图 1-10 所示，为 $y=\min\{x+2,\dfrac{3}{x},4-x\}$ 的函数图象.

(2) $x=1$ 时，$y_{\max}=3$.

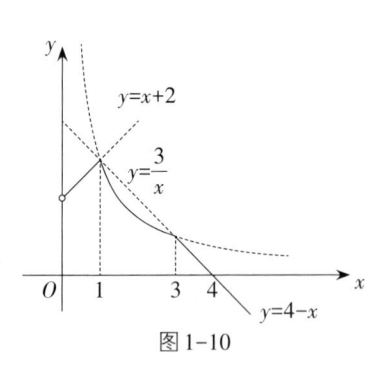

图 1-10

问题 ❸

已知二次函数的图象经过点 $A(2,-1)$ 和点 $B(-1,-1)$，且最大值为8.

(1)用三种方法求此二次函数的表达式；

(2)将此二次函数的图象经过怎样的变换，可以得到函数 $y=4x^2$ 的图象.

【解析】

方法一：（利用一般式）

设 $y=ax^2+bx+c$ ($a\neq 0$)，依题意有 $\begin{cases} 4a+2b+c=-1, \\ a-b+c=-1, \\ \dfrac{4ac-b^2}{4a}=8, \end{cases}$ 解得 $\begin{cases} a=-4, \\ b=4, \\ c=7, \end{cases}$

∴二次函数表达式为 $y=-4x^2+4x+7$.

方法二：（利用顶点式）

设 $y=a(x-h)^2+k$ ($a\neq 0$)，∵图象经过点 $(2,-1),(-1,-1)$，∴$h=\dfrac{2+(-1)}{2}=\dfrac{1}{2}$.

又∵函数有最大值8，∴$k=8$，∴$y=a\left(x-\dfrac{1}{2}\right)^2+8$.

将 $(2,-1)$ 代入，得 $a\left(2-\dfrac{1}{2}\right)^2+8=-1$，解得 $a=-4$.

∴$y=-4\left(x-\dfrac{1}{2}\right)^2+8=-4x^2+4x+7$.

方法三：（利用交点式）

如图 1-11，设二次函数 $y'=a(x-2)(x+1)$ 经过 $A'(2,0)$ 和点 $B'(-1,0)$，

∵二次函数 y 的图象经过点 $A(2,-1)$ 和点 $B(-1,-1)$，

∴二次函数 y 的图象可以看作由二次函数 $y'=a(x-2)(x+1)$ 向下平移1个单位长度而得到.

∴可设 $y=a(x-2)(x+1)-1$，即 $y=ax^2-ax-2a-1$.

又∵函数有最大值 $y_{max}=8$，即 $\dfrac{4a(-2a-1)-a^2}{4a}=8$，

∴$\dfrac{-9a-4}{4}=8$，解得 $a=-4$，

∴所求函数的表达式为 $y=-4x^2+4x+7$.

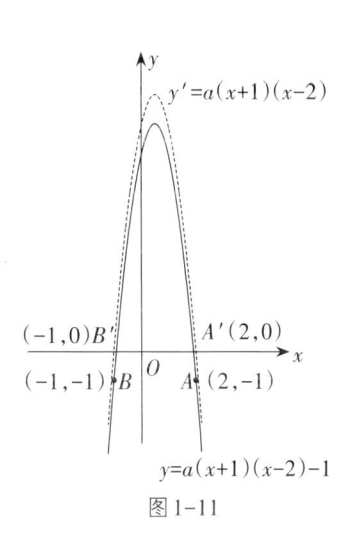

图 1-11

(2)如图1-12所示,将二次函数 $y=-4\left(x-\dfrac{1}{2}\right)^2+8$ 向下平移8个单位长度得到 $y_1=-4\left(x-\dfrac{1}{2}\right)^2$;再将二次函数 $y_1=-4\left(x-\dfrac{1}{2}\right)^2$ 向左平移 $\dfrac{1}{2}$ 个单位长度得到 $y_2=-4x^2$;最后将二次函数 $y_2=-4x^2$ 沿着 x 轴作轴对称得到 $y_3=4x^2$.

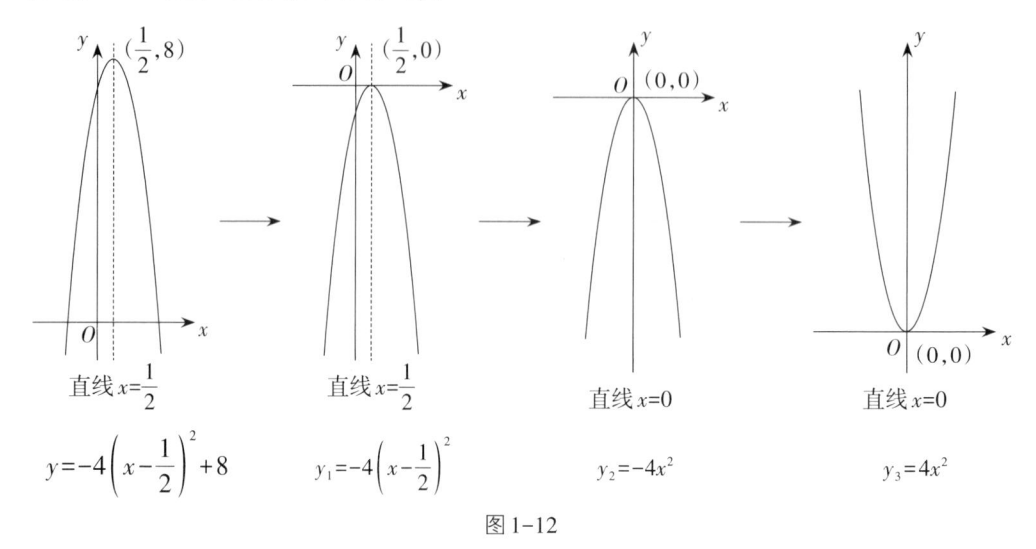

图1-12

问题 ❹

A 市、B 市和 C 市分别有某种机器10台、10台和8台.现决定把这些机器支援给 D 市18台、E 市10台.已知从 A 市、B 市和 C 市调运一台机器到 D 市、E 市的运费如下表.

目的地	A市调运运费(元/台)	B市调运运费(元/台)	C市调运运费(元/台)
D市	200	300	400
E市	800	700	500

(1)设从 A 市、B 市各调 x 台到 D 市,当28台机器全部调运完毕后,求总运费 W(元)关于 x(台)的函数关系式,并求 W 的最大值和最小值;

(2)设从 A 市调 x 台到 D 市,从 B 市调 y 台到 D 市,当28台机器全部调运完毕后,用 x,y 表示总运费 W(元),并求 W 的最大值和最小值.

【解析】

(1)设从 A 市、B 市各调 x 台到 D 市,则从 C 市可调 $(18-2x)$ 台到 D 市,从 A 市调 $(10-x)$ 台到 E 市,从 B 市调 $(10-x)$ 台到 E 市,从 C 市调 $8-(18-2x)=2x-10$ 台到 E 市,其中每一次调动都需要大于或等于0,可知 x 的取值范围为 $5\leqslant x\leqslant 9$.

∴W=200x+300x+400(18-2x)+800(10-x)+700(10-x)+500(2x-10)=-800x+17200，

可知k=-800<0，

当x=5时，W_{max}=13200，即W的最大值为13200元；

当x=9时，W_{min}=10000，即W的最小值为10000元．

答：W的最大值和最小值分别为13200元和10000元．

（2）设当从A市调x台到D市，B市调y台到D市，可知从C市调(18-x-y)台到D市，从A市调(10-x)台到E市，从B市调(10-y)台到E市，从C市调8-(18-x-y)=x+y-10台到E市．可得10≤x+y≤18，0≤x≤10，0≤y≤10．

∴W=200x+300y+400(18-x-y)+800(10-x)+700(10-y)+500(x+y-10)

=-500x-300y+17200=-300(x+y)-200x+17200，

∵-300<0，10≤x+y≤18，

∴当x+y=10，x=0时，W_{max}=14200，即W的最大值为14200元；

当x+y=18，x=10时，W_{min}=9800，即W的最小值为9800元．

答：W的最大值和最小值分别为14200元和9800元．

拓展应用

1. 如图1-13，已知正比例函数y=kx(k>0)与反比例函数$y=\frac{1}{x}$的图象相交于A,C两点，过点A作AB⊥x轴于点B，过点C作CD⊥x轴于点D，连接AD,BC，则四边形ABCD的面积等于(　　)．

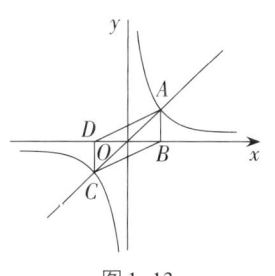

A.1　　　　　　B.2

C.4　　　　　　D.与k的取值有关

图1-13

2. 已知二次函数$y=-x^2+4ax+1$，当x≥2时，y的值随x的增大而减小，则(　　)．

A.a≤1　　　　　B.a=1

C.a≥1　　　　　D.a≥-1

3. 如果一次函数的图象经过不同的三点A(a,b),B(b,a),C(a-b,b-a)，那么该函数的解析式为_____．

4. 已知函数$y=ax^2+bx+c(a≠0)$，给出下列四个判断：

①a>0；　②2a+b=0；　③b^2-4ac>0；　④a+b+c<0．

以其中三个判断作为条件，余下一个判断作为结论，可得到四个命题，其中有(　　)个真命题．

5.利用正比例函数、反比例函数和二次函数的图象,分别作出下列函数的图象,并指出它们在自变量的取值范围内,随着x增大,y的增减情况.

(1)$y=|x-1|$;　　　　(2)$y=\dfrac{x-1}{x+1}$;　　　　(3)$y=x^2-2|x|-3$.

6.通过实验研究,专家们发现:学生听课注意力指标数y随时间x(分钟)变化的函数图象如图1-14所示.当$0\leqslant x\leqslant 10$时,图象是抛物线的一部分;当$10\leqslant x\leqslant 20$和$20\leqslant x\leqslant 40$时,图象是线段.

(1)用分段形式表示注意力指标数y与时间x的函数关系式;

(2)如果一道难题需要讲解24分钟,问老师能否经过适当安排,使学生在听这道题时,注意力的指标数都不低于36.

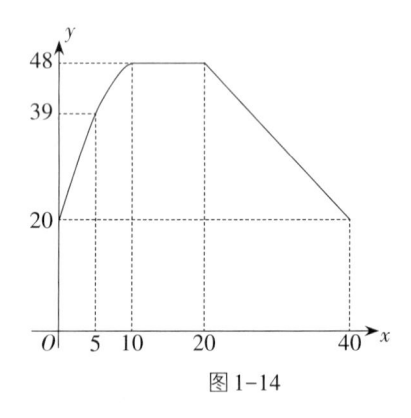

图1-14

第二讲 建立函数模型解决实际问题

《义务课程标准》指出：模型观念是初中阶段要求达到的核心素养，模型观念主要是指对运用数学模型解决实际问题有清晰的认识.知道数学建模是数学与现实联系的基本途径；初步感知数学建模的基本过程，从现实生活或具体情境中抽象出数学问题，用数学符号建立方程、不等式、函数等表示数学问题中的数量关系和变化规律，求出结果并讨论结果的意义.模型观念有助于开展跨学科主题学习，感悟数学应用的普遍性.

《高中课程标准》指出：数学建模是对现实问题进行数学抽象，用数学语言表达问题、用数学方法构建模型解决问题的素养.数学建模过程主要包括：在实际情境中从数学的视角发现问题、提出问题、分析问题、建立模型、确定参数、计算求解、检验结果、改进模型，最终解决实际问题.数学模型搭建了数学与外部世界联系的桥梁，是数学应用的重要形式.数学建模是应用数学解决实际问题的基本手段，也是推动数学发展的动力.

由两个课程标准可以看出，初中阶段的要求是从现实生活或具体情境中将问题抽象成数学问题，其中的问题已经存在，需要的是学生的抽象能力，而高中阶段是对实际情境以数学的视角来发现问题、提出问题，这个要求相对来说更高，需要的是学生的实践能力、创新意识和科学精神.初中阶段是利用所掌握的方程、不等式、函数作为工具来表示数量关系和变化规律，高中阶段则是对问题进行分析，建立相应的模型，并利用模型来解决实际问题，整个过程积累了数学实践的经验.

初中阶段，学生接触最多的是"文字应用题"，这种文字应用题中的问题情境常常是条件不多不少，解法指向清晰，结果常常是确定的或唯一的，建模是对数量关系或者变化规律上的理解.数学建模需要一般化地解决一类问题，初始条件的变动给解决问题的模型常会带来随参数变动的不同结果.确定模型参数的可能取值或变化范围，说清楚模型参数和结果的关系，是用数学建模方法解决问题的标志性方法.在初高中衔接中，重点是建立函数模型解决实际问题的基本过程，即观察实际情境→发现和提出问题→收集数据→选择函数模型→求解函数模型→检验(若不符合实际，重新选择函数模型)→实际问题的解(符合实际).在这个过程中,可以让学生真实地体验如何通过数学的"眼光"来观察和分析现实世界中的一些事情,提出并利用数学的"语言"来描述和分析这些事情,最后能数学化地形成比较清晰的假设、目标问题等,让学生感悟数学是现实的、有用的,从而理解数学的价值,增强学习数学的兴趣.

衔接要点

初中阶段借助函数图象理解实际的生活问题,往往是单个图象表示单一的情境,多个情境的叠加用单个图象表示并理解其具体的实际意义,是初高中的重要的衔接内容(见题1);对于利润问题,初中阶段主要是将一次函数和二次函数作为实际问题的数学模型使用,即函数表达式为整式模型,那么高中阶段常见的是函数表达式为分式的模型,整式到分式,是初高中衔接的一个常见的衔接点(见题2);初中阶段,给出的函数图象是连续的,高中阶段涉及较多不连续的分段函数,从连续到不连续,衔接的主要方法是对函数关系式的探究(见题3);初中阶段,函数的自变量次数最高的是二次,高中阶段常有函数自变量次数大于二次的情况,在实际生活中体现自变量次数由二次到三次的过渡,生活中的数学模型通常是体积(容积)的探究,这也是初高中衔接中培养学生核心素养——数学建模的路径之一(见题4).

1. 某水电站的蓄水池有2个进水口,1个出水口,每个进水口进水量与时间的关系如图2-1所示,出水口出水量与时间的关系如图2-2所示.已知某天0时到6时,进行机组试运行,试机时至少打开一个水口,且该水池的蓄水量与时间的关系如图2-3所示,给出以下3个判断:①0时到3时,只进水不出水;②3时到4时,不进水只出水;③4时到6时,不进水不出水.则上述判断中一定正确的是(   ).

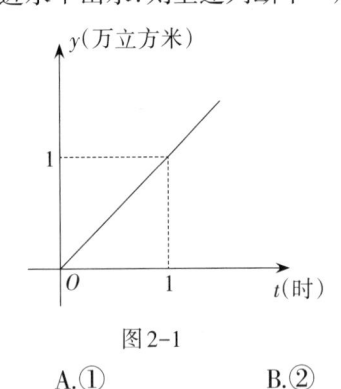

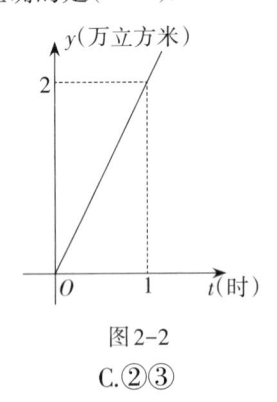

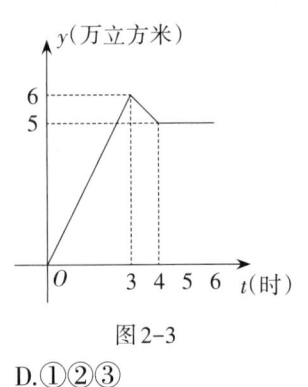

图2-1   图2-2   图2-3

A.①   B.②   C.②③   D.①②③

【解析】

根据图示和题意可知,一个进水口进水速度是1小时1万立方米,一个出水口出水速度是1小时2万立方米,由图2-3可知:

①0时到3时,只进水不出水;

②3时到4时,1个进水口进水,1个出水口出水;

③4时到6时,2个进水口进水,1个出水口出水.

判断正确的是①.

故选:A.

2. 某品种鲜花进货价5元/枝,据市场调查,当销售价格x(元/枝)的取值范围是$5 \leq x \leq 15$时,每天售出该鲜花枝数$y = \dfrac{500}{x-4}$.若想每天获得的利润最多,则销售价格应定为(　　)元.

A.9　　　　　　B.11　　　　　　C.13　　　　　　D.15

【解析】

方法一:

设每天的利润为w元,则$w = (x-5) \cdot \dfrac{500}{x-4} = 500\left(1 - \dfrac{1}{x-4}\right)$,其中$5 \leq x \leq 15$.

∵ $5 \leq x \leq 15$,∴ $1 \leq x-4 \leq 11$,∴ $\dfrac{1}{11} \leq \dfrac{1}{x-4} \leq 1$,∴ $-1 \leq -\dfrac{1}{x-4} \leq -\dfrac{1}{11}$,∴ $0 \leq 1 - \dfrac{1}{x-4} \leq \dfrac{10}{11}$.

故当$x=15$时,w取得最大值.

故选:D.

方法二:

由方法一得,$w = 500\left(1 - \dfrac{1}{x-4}\right)$,可作出$y_1 = -\dfrac{1}{x}$的图象,将其向右平移4个单位长度,向上平移1个单位长度,可得$y_2 = 1 - \dfrac{1}{x-4}$的图象.

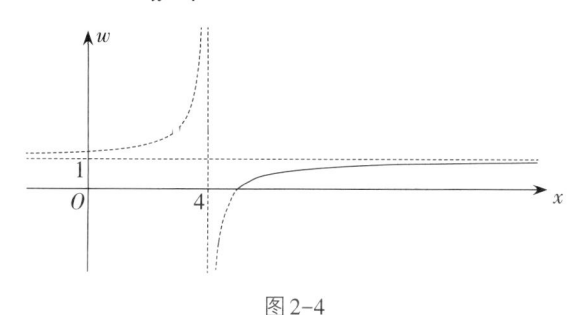

图2-4

如图2-4所示,当$x=15$时,w取得最大值.

3. 小高发现,用微波炉加工爆米花时,时间太短,一些颗粒没有充分爆开,时间太长,就煳了.如果将爆开且不煳的粒数占总粒数的百分比称为"可食用率".在特定条件下,可食用率 p 与加工时间 t(分钟)满足的函数关系为 $p=at^2+bt+c(a,b,c$ 是常数),小高记录了三次实验的数据(如图2-5).根据上述函数模型和实验数据,可以得到最佳加工时间为( ).

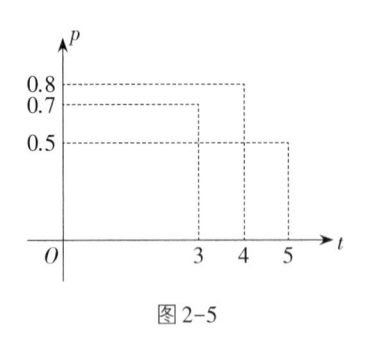

图2-5

A.3.50分钟 B.3.75分钟 C.4.00分钟 D.4.25分钟

【解析】

如图2-5,由题意知,函数关系 $p=at^2+bt+c(a,b,c$ 是常数)经过点 $(3,0.7),(4,0.8),(5,0.5)$,

代入得 $\begin{cases}9a+3b+c=0.7,\\16a+4b+c=0.8,\\25a+5b+c=0.5,\end{cases}$ 解得 $\begin{cases}a=-0.2,\\b=1.5,\\c=-2.\end{cases}$

∴ $p=-0.2t^2+1.5t-2=-0.2(t-3.75)^2+0.8125$,

∴ 最佳加工时间为3.75分钟.

故选:B.

4. 如图2-6,有一块边长为15 cm的正方形铁皮,将其四个角各截去一个边长为 x cm 的小正方形,然后折成一个无盖的盒子.则盒子的容积 y 关于 x 为自变量的函数解析式为_____(写出 x 的范围).

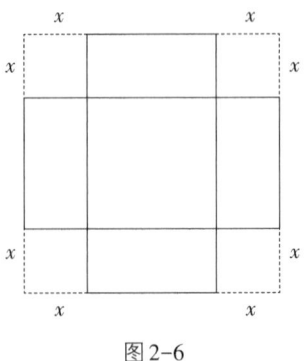

图2-6

【解析】

∵截去的小正方形的边长为 x cm,

∴折成的无盖盒子底面是边长为 $(15-2x)$ cm 的正方形,高是 x cm,

∴盒子的容积 $y=x(15-2x)^2$,其中 $0<x<\dfrac{15}{2}$.

问题探究

由衔接要点的探究,我们发现在实际生活问题中,根据情境得到的函数表达式单一,而我们通常得到的数学模型往往是由两个或两个以上的表达式组成,遇到类似的问题,我们是如何利用分段函数的表达式或其函数图象来解决的呢?根式在代数式中的地位非常重要,根据实际问题建模出幂函数或者是含有幂函数的复合函数,是如何探究的呢?另外,一元二次方程不仅可以用求根公式求解,还可以借助函数图象求解,面对一元三次方程,又是如何来求解的呢?下面我们一起来探究吧!

问题 1

心理学家研究发现,一般情况下,学生的注意力随着老师讲课时间的变化而变化.讲课开始时,学生的注意力逐步增强,中间有一段时间学生的注意力保持较为理想的状态,随后学生的注意力开始分散,经过实验分析可知,学生的注意力 y 随时间 t(分钟)的变化规律有如下关系式:

$$y=\begin{cases} -t^2+30t+50, & 0\leqslant t\leqslant 10, \\ 250, & 10<t\leqslant 20, \\ -9t+430, & 20<t\leqslant 40. \end{cases}$$ (y 值越大表示注意力越集中)

(1)讲课开始后第 6 分钟时与讲课开始后第 26 分钟时比较,何时学生的注意力更集中?

(2)讲课开始后多少分钟,学生的注意力最集中?能持续多少分钟?

(3)一道数学难题,需要讲解 23 分钟,为了效果较好,要求学生的注意力最低达到 175,那么经过适当安排,老师能否在学生注意力达到所需的状态下讲解完这道题目?

【解析】

(1)当 $t=6$ 时,$y=194$;当 $t=26$ 时,$y=196$.

∴讲课开始后第 26 分钟时学生的注意力比讲课开始后第 6 分钟时更集中.

(2)当 $0\leqslant t\leqslant 10$ 时,$y=-t^2+30t+50=-(t-15)^2+275$,该函数的对称轴为 $t=15$,

又∵ $0\leqslant t\leqslant 10$ 在对称轴左侧,y 随 t 的增大而增大,

∴当 $t=10$ 时,y 有最大值 250;

当 $10 < t \leqslant 20$ 时,$y = 250$;

当 $20 < t \leqslant 40$ 时,$y = -9t + 430$,y 随 t 的增大而减小,此时 $y < 250$.

∴当 $10 \leqslant t \leqslant 20$ 时,y 有最大值 250.

∴讲课开始后 10 分钟时,学生的注意力最集中,能持续 10 分钟.

(3) 当 $0 < t \leqslant 10$,令 $y = -t^2 + 30t + 50 = 175$,

解得 $t_1 = 5$,$t_2 = 25$(舍);

当 $20 < t \leqslant 40$ 时,令 $y = -9t + 430 = 175$,

解得 $t = \dfrac{85}{3}$.

∵ $\dfrac{85}{3} - 5 = \dfrac{70}{3} > 23$,

∴经过适当安排,老师能在学生注意力达到所需的状态下讲解完这道题目.

问题 ❷

甲、乙两种商品,经营销售这两种商品所能获得的利润依次是 p 万元和 q 万元,它们与投入资金 x 万元的关系有经验公式 $p = \dfrac{1}{5}x$,$q = \dfrac{3}{5}\sqrt{x}$.今有 3 万元资金投入经营甲、乙两种商品,为获得最大利润,对甲、乙两种商品的资金投入分别应为多少?能获得多大的利润?

【解析】

设对甲、乙两种商品的资金投入分别为 x 万元和 $(3-x)$ 万元,设获取利润为 s 万元,

则 $s = \dfrac{1}{5}x + \dfrac{3}{5}\sqrt{3-x}$,整理得 $x^2 + (9 - 10s)x + 25s^2 - 27 = 0$,

∵ $\Delta = (9 - 10s)^2 - 4 \times (25s^2 - 27) \geqslant 0$,解得 $s \leqslant \dfrac{189}{180} = 1.05$,

可知最大利润为 $s = 1.05$.

将 $s = 1.05$ 代入 $x^2 + (9 - 10s)x + 25s^2 - 27 = 0$,解得 $x = 0.75$,∴$3 - x = 2.25$.

答:对甲、乙两种商品的资金投入分别应为 0.75 万元和 2.25 万元,能获得最大利润为 1.05 万元.

问题 ❸

在二次函数的学习中,初中数学教材有如下内容:求一元二次方程 $\dfrac{1}{2}x^2 - 2x - 2 = 0$ 的近似解(精确到 0.1).

图 2-7

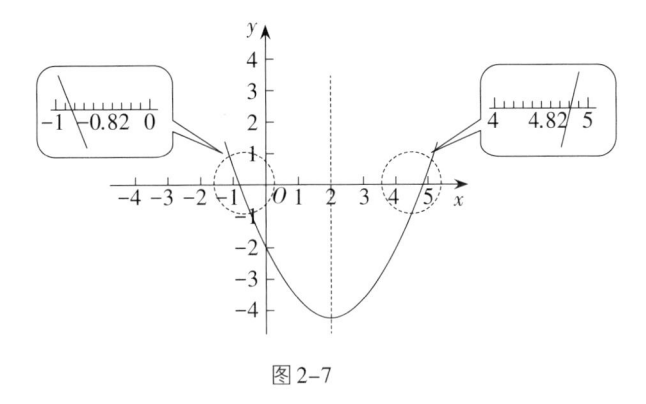

解:设有二次函数 $y=\dfrac{1}{2}x^2-2x-2$,列表并画出它的图象(如图 2-7).

x	…	-1	0	1	2	3	4	5	…
y	…	$\dfrac{1}{2}$	-2	$-\dfrac{7}{2}$	-4	$-\dfrac{7}{2}$	-2	$\dfrac{1}{2}$	…

观察抛物线和 x 轴交点的位置,估计出交点的横坐标分别约为-0.8和4.8,

所以得出方程精确到0.1的近似解为 $x_1 \approx -0.8, x_2 \approx 4.8$.

利用二次函数 $y=ax^2+bx+c$ 的图象求出一元二次方程 $ax^2+bx+c=0$ 的解的方法称为图象法,这种方法常用来求方程的近似解.

小聪和小明通过本题的学习,体会到利用函数图象可以求出方程的近似解.于是他们尝试利用图象法探究方程 $x^3-2x^2+1=0$ 的近似解,做法如下.

小聪的做法:令函数 $y=x^3-2x^2+1$,列表并画出函数的图象,借助图象得到方程 $x^3-2x^2+1=0$ 的近似解.

小明的做法:因为 $x \neq 0$,所以先将方程 $x^3-2x^2+1=0$ 的两边同时除以 x,变形得到方程 $x^2-2x=-\dfrac{1}{x}$,再令函数 $y_1=x^2-2x$ 和 $y_2=-\dfrac{1}{x}$,列表并画出这两个函数的图象,借助图象得到方程 $x^3-2x^2+1=0$ 的近似解.

请你选择小聪或小明的做法,求出方程 $x^3-2x^2+1=0$ 的近似解(精确到0.1).

【解析】

①选择小聪的做法,令函数 $y=x^3-2x^2+1$,

列表得:

x	…	-1	-0.8	-0.6	-0.4	-0.2	0	0.2	0.4	0.6	1	1.2	1.4	1.6	1.8	2	3	…
y	…	-2	-0.79	0.06	0.62	0.91	1	0.93	0.74	0.50	0	-0.15	-0.18	-0.02	0.35	1	10	…

描点、连线,画出函数的图象如图 2-8 所示.

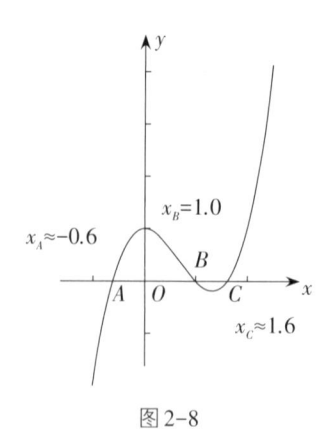

图 2-8

如图 2-8,得到方程 $x^3-2x^2+1=0$ 与 x 轴交于 A,B,C 三点,故近似解为 $x_A≈-0.6$, $x_B=1.0$, $x_C≈1.6$.

②选择小明的做法,将方程 $x^3-2x^2+1=0$ 的两边同时除以 x,变形得到方程 $x^2-2x=-\dfrac{1}{x}$,

令函数 $y_1=x^2-2x$ 和 $y_2=-\dfrac{1}{x}$,

列表:

x	⋯	-4	-3	-2	-1	-0.6	0	1	1.6	2	3	4	⋯
$y_1=x^2-2x$	⋯	24	15	8	3	1.56	0	-1	-0.64	0	3	8	⋯
$y_2=-\dfrac{1}{x}$	⋯	0.25	0.33	0.50	1	1.67	—	-1	-0.63	-0.50	-0.33	-0.25	⋯

描点、连线,画出函数图象如图 2-9 所示.

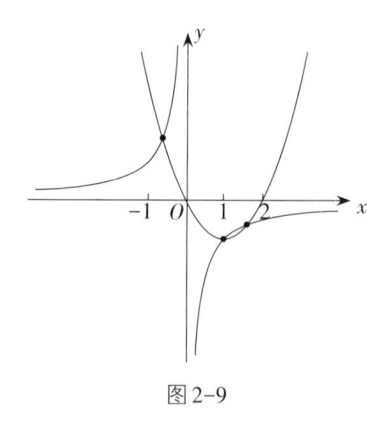

图 2-9

根据函数图象,得近似解为 $x_1≈-0.6$, $x_2=1.0$, $x_3≈1.6$.

问题 ④

如图 2-10,在长为 10 千米的河流 OC 的一侧建一条观光带.观光带的前一部分为曲线段 OAB,设曲线段 OAB 为函数 $y=ax^2+bx+c(a≠0)$, $0≤x≤6$(单位:千米)的图象,且图象的最高点为 $A(4,4)$;观光带的后一部分为线段 BC.

（1）求函数为曲线段 $OABC$ 的函数 $y(0 \leqslant x \leqslant 10)$ 的解析式;

（2）若计划在河流 OC 和观光带 $OABC$ 之间新建一个如图所示的矩形绿化带 $MNPQ$，绿化带由线段 MQ，QP，PN 构成，其中点 P 在线段 BC 上，当 OM 长为多少时，绿化带的总长度最长？

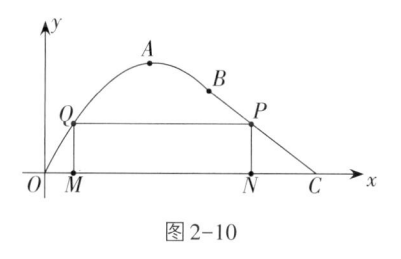

图 2-10

【解析】

（1）如图 2-10，当 $0 \leqslant x \leqslant 6$ 时，∵曲线段 OAB 过点 O，且最高点为 $A(4,4)$，设抛物线解析式为 $y_1 = a(x-4)^2 + 4$，将 $O(0,0)$ 代入解析式得 $0 = a \cdot (-4)^2 + 4$，解得 $a = -\frac{1}{4}$，

∴ $y_1 = -\frac{1}{4}(x-4)^2 + 4 = -\frac{1}{4}x^2 + 2x$，

∴当 $0 \leqslant x \leqslant 6$ 时，$y_1 = -\frac{1}{4}x^2 + 2x$.

∵后一部分为线段 BC，$B(6,3)$，$C(10,0)$，当 $6 < x \leqslant 10$ 时，$y_2 = -\frac{3}{4}x + \frac{15}{2}$，

综上，$y = \begin{cases} -\frac{1}{4}x^2 + 2x, & 0 \leqslant x \leqslant 6, \\ -\frac{3}{4}x + \frac{15}{2}, & 6 < x \leqslant 10. \end{cases}$

（2）设 $OM = t$（$0 < t \leqslant 2$），则 $PN = MQ = -\frac{1}{4}t^2 + 2t$，

由 $PN = -\frac{1}{4}t^2 + 2t = -\frac{3}{4}x + \frac{15}{2}$，得 $x = \frac{1}{3}t^2 - \frac{8}{3}t + 10$，

∴点 $N\left(\frac{1}{3}t^2 - \frac{8}{3}t + 10, 0\right)$. ∴ $PQ = \frac{1}{3}t^2 - \frac{8}{3}t + 10 - t = \frac{1}{3}t^2 - \frac{11}{3}t + 10$.

∴绿化带的总长度 $L = MQ + QP + PN = 2\left(-\frac{1}{4}t^2 + 2t\right) + \left(\frac{1}{3}t^2 - \frac{11}{3}t + 10\right) = -\frac{1}{6}t^2 + \frac{1}{3}t + 10$，

配方得 $L = -\frac{1}{6}(t-1)^2 + \frac{61}{6}$，

∵ $-\frac{1}{6} < 0$，抛物线开口向下，

∴当 $t = 1$ 时，$L_{max} = \frac{61}{6}$.

∴当 OM 长为 1 千米时，绿化带的总长度最长，为 $\frac{61}{6}$ 千米.

拓展应用

1. 某工厂从2012年开始,近八年以来生产某种产品的情况是:前四年年产量的增长速度越来越快,后四年年产量的增长速度保持不变,则该厂这种产品的产量与时间的函数图象可能是( ).

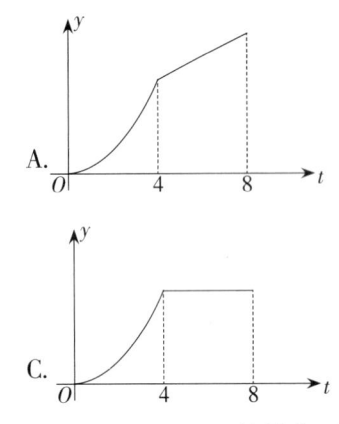

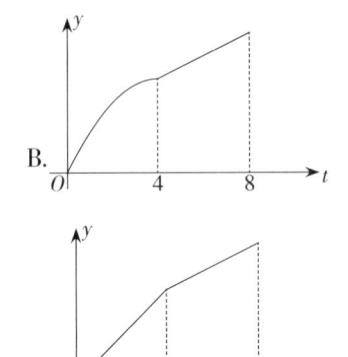

2. 如图2-11所示,某单位用木料制作如图所示的框架,框架的下部是边长分别为 x,y(单位:m)的矩形,上部是等腰直角三角形,要求框架围成的总面积 8 m^2,则 $x=$_____, $y=$_____时用料最省.

(本题可能用到如下不等式: $a+b\geq 2\sqrt{ab}$,当且仅当 $a=b$ 时取等,其中 a,b 为正实数)

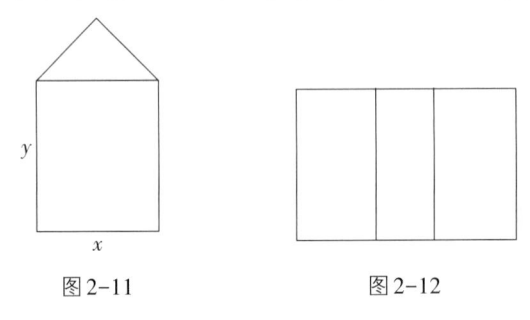

图2-11   图2-12

3. 如图2-12所示,用长度为24 m的材料围成一矩形场地,并且中间要用该材料加两道隔墙,要使矩形的面积最大,则隔墙的长度应为_____m,最大面积为_____.

4. 某公司计划从甲、乙两种产品中选择一种生产并销售,每年产销 x 件.已知产销两种产品的有关信息如下表:

产品	每件售价(万元)	每件成本(万元)	每年其他费用(万元)	每年最大产销量(件)
甲	6	a	20	200
乙	20	10	$40+0.05x^2$	80

其中 a 为常数,且 $3\leq a\leq 5$.

(1)若产销甲、乙两种产品的年利润分别为 y_1 万元、y_2 万元,直接写出 y_1,y_2 与 x 的函数关系式；

(2)分别求出产销两种产品的最大年利润；

(3)为获得最大年利润,该公司应该选择产销哪种产品？请说明理由.

5.某企业生产 A,B 两种产品,根据市场调查与预测,A 产品的利润 y 与投资 x 成正比,其关系如图 2-13 所示；B 产品的利润 y 与投资 x 的算术平方根成正比,其关系如图 2-14 所示(注:利润 y 与投资 x 的单位均为万元).

(1)分别求 A,B 两种产品的利润 y 关于投资 x 的函数解析式；

(2)已知该企业已筹集到 200 万元资金,并将全部投入到 A,B 两种产品的生产中.

①若将 200 万元资金平均投入到两种产品的生产中,可获得总利润多少万元？

②如果你是厂长,怎样分配这 200 万元资金,可使该企业获得的总利润最大？其最大利润为多少万元？

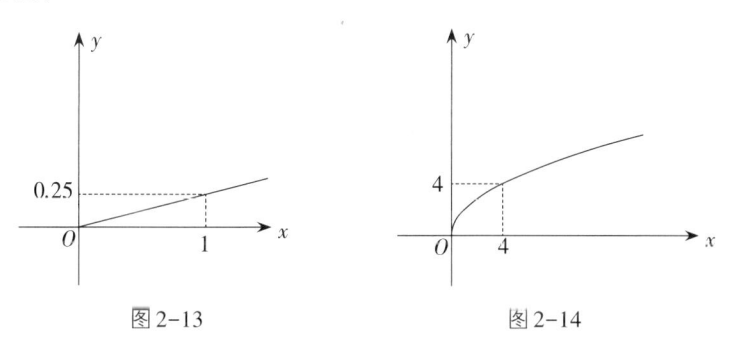

图 2-13

图 2-14

6.某群体的人均通勤时间,是指单日内群体中成员从居住地到工作地的平均用时.某地上班族S中的成员仅以自驾或公交方式通勤,分析显示:当S中$x\%(0<x<100)$的成员自驾时,自驾群体的人均通勤时间为$y=\begin{cases}30, 0<x\leqslant 30,\\ 2x+\dfrac{1800}{x}-80, 30<x<100\end{cases}$(单位:分钟),而公交群体的人均通勤时间不受$x$影响,恒为50分钟,试根据上述分析结果回答下列问题.

(1)当x在什么范围内时,公交群体的人均通勤时间少于自驾群体的人均通勤时间?

(2)求该地上班族S的人均通勤时间y'的表达式,并求y'的最小值.

第三讲 代数式的基本运算及其拓展

《义务课程标准》指出:运算能力主要是指根据法则和运算律进行正确运算的能力.能够明晰运算的对象和意义,理解算法与算理之间的关系;能够理解运算的问题,选择合理简洁的运算策略解决问题;能够通过运算促进数学推理能力的发展.

《高中课程标准》指出:数学运算是指在明晰运算对象的基础上,依据运算法则解决数学问题的素养.主要包括:理解运算对象,掌握运算法则,探究运算思路,选择运算方法,设计运算程序,求得运算结果等.

由两个课程标准可以看出,初中阶段要求学生会用二次根式(根号下仅限于数)的加、减、乘、除运算法则进行简单的四则运算;理解整式的概念,掌握合并同类项和去括号的法则,能进行简单的整式加法和减法运算;能进行简单的整式乘法运算(多项式乘法仅限于一次式之间和一次式与二次式的乘法);知道平方差公式、完全平方公式的几何背景,并能运用公式进行简单计算和推理;能用提公因式法、公式法(对二次式直接利用平方差公式或完全平方公式)进行因式分解(指数为正整数);知道分式的分母不能为零,能利用分式的基本性质进行约分、通分,并化简分式,能对简单的分式进行加、减、乘、除运算并将运算结果化为最简分式;通过代数式和代数式运算的教学,让学生进一步理解字母表示数的意义,通过基于符号的运算和推理,建立符号意识,感悟数学结论的一般性,理解运算方法与运算律的关系,提升运算能力.由此看来,初中阶段对根号下仅仅限于数、多项式乘法的次数、分解因式的指数等有明确要求,同时,初中已经删除立方和(差)公式、多项式除多项式、淡化了十字相乘法等因式分解的常用方法,对二次根式中分母(子)有理化也不作要求,而这些知识点在高中的代数运算,包括解方程、解不等式、化简函数解析式等问题中经常用到.高中阶段的课程标准里提出要提升学生的数学运算素养,理解运算对象的含义、作用,要求学生掌握几种重要的运算对象——数、代数式、向量等.

因此,代数式的衔接,更多的是知识点的衔接,对于初高中内容出现部分脱节的知识,如十字相乘法、韦达定理、因式分解等,要做适当的拓展,从把握运算律和代数式结构两个方面来理解代数运算.在初高中衔接中把握数的运算和运算律,重点落在数系扩充过程中运算律的变化,而在把握代数式内在结构中,关键是选取适当的素材,通过分析代数式结构确定适当的"算理"和"算法",引导学生在遇到代数问题时,先分析结构明确算理,再总结经验形成算法的解题习惯,顺利突破高中解析几何运算的难关.

衔接要点

初中阶段化简二次根式,主要是针对根号下是常数的二次根式,当常数变为字母,即由数到式的过渡,是初高中衔接的重要内容(见题1);根与系数的关系(韦达定理)之前在初中阶段是选学内容,高中阶段又是非常重要的知识点,虽然《义务课程标准》将其变为必学,但是在具体问题中涉及较少,需要将其熟练应用(见题2);"立方和"与"立方差"公式在高中阶段是必要工具,但是在初中阶段并不涉及,因此,该知识点是初高中重要的衔接点(见题3);恒等变形是高中阶段常见的题型之一,待定系数法是初中阶段求函数表达式的常用方法,用待定系数法求解恒等变形问题是初高中衔接的重要内容(见题4).

1. 把式子 $(a-1)\sqrt{-\dfrac{1}{a-1}}$ 中根号外的因式移入根号内,则原式等于( ).

A. $\sqrt{1-a}$ B. $\sqrt{a-1}$ C. $-\sqrt{a-1}$ D. $-\sqrt{1-a}$

【解析】

由题意可知,原式可化为 $(a-1)\cdot\sqrt{\dfrac{1}{1-a}}$,则 $1-a>0$,

故 $(a-1)\sqrt{\dfrac{1}{1-a}}=-\sqrt{(1-a)^2\times\dfrac{1}{1-a}}=-\sqrt{1-a}.$

故选:D.

2. 已知方程 $2x^2+(m+1)x+3m+3=0$ 的两实根平方和为7,那么 m 的值等于( ).

A. -13 B. 13 C. 3 D. -3

【解析】

依题意得,原方程有两实数根,

$\therefore \Delta=(m+1)^2-4\times 2\cdot(3m+3)=m^2-22m-23\geqslant 0$,解得 $m\geqslant 23$ 或 $m\leqslant -1$,

又 $\because x_1+x_2=-\dfrac{m+1}{2}, x_1\cdot x_2=\dfrac{3}{2}(m+1), x_1^2+x_2^2=7$,

即 $(x_1+x_2)^2-2x_1x_2=7$,

$\therefore \frac{(m+1)^2}{4}-3(m+1)=7$,解得 $m=-3, m=13$.

$\because m=13$ 时,原方程无解,

$\therefore m=-3$.

故选:D.

3. 分解因式:$3a^3b-81b^4=$ _____.

(参考公式:$x^3+y^3=(x+y)(x^2-xy+y^2)$,$x^3-y^3=(x-y)(x^2+xy+y^2)$)

【解析】

$3a^3b-81b^4=3b(a^3-27b^3)=3b[a^3-(3b)^3]=3b(a-3b)(a^2+3ab+9b^2)$.

4. 已知 $\frac{2x+5}{x^3-1}=\frac{A}{x-1}+\frac{Bx+C}{x^2+x+1}$,则 $A=$ _____,$B=$ _____,$C=$ _____.

【解析】

方法一:待定系数法

方程可整理为 $\frac{2x+5}{x^3-1}=\frac{A(x^2+x+1)+(x-1)(Bx+C)}{x^3-1}$,

即 $\frac{2x+5}{x^3-1}=\frac{(A+B)x^2+(A-B+C)x+A-C}{x^3-1}$,

$\therefore \begin{cases} A+B=0, \\ A-B+C=2, \\ A-C=5, \end{cases}$ 解得 $\begin{cases} A=\frac{7}{3}, \\ B=-\frac{7}{3}, \\ C=-\frac{8}{3}. \end{cases}$

方法二:

不妨取 $x=-1,0$ 和 2,分别代入原式得

$\begin{cases} -\frac{3}{2}=-\frac{A}{2}+\frac{-B+C}{1}, \\ -5=-A+C, \\ \frac{9}{7}=A+\frac{2B+C}{7}, \end{cases}$ 解得 $\begin{cases} A=\frac{7}{3}, \\ B=-\frac{7}{3}, \\ C=-\frac{8}{3}. \end{cases}$

问题探究

由衔接要点的探究,我们发现涉及一元二次多项式的因式分解主要是公式法,再复杂一点儿的是"十字相乘法",当面对二元二次多项式,我们能否用公式法或者"十字相乘法"来解决问题呢?初中阶段,我们对求二次函数的最值较为熟悉,如果面对求多元的代数式的最值问题,又如何求解呢?面对已知多元高次项的方程,通过哪些方法可以利用该方程将复杂的代数式化简呢?初中阶段的证明题常见于平面几何中,代数类的相关证明又是如何进行的呢?下面我们一起来探究吧!

问题 ①

因式分解:$x^2+2xy-8y^2+2x+14y-3$.

【解析】

方法一:公式法

$$\begin{aligned}原式&=(x^2+2xy+y^2)+(2x+2y)+1-(9y^2-12y+4)\\&=[(x+y)^2+2(x+y)+1]-(3y-2)^2\\&=(x+y+1)^2-(3y-2)^2\\&=(x+y+1+3y-2)(x+y+1-3y+2)\\&=(x+4y-1)(x-2y+3).\end{aligned}$$

双十字相乘法拓展知识

形如多项式 $ax^2+bxy+cy^2+dx+ey+f$ 的因式分解,我们可以用双十字相乘法来因式分解.

例1:分解因式 $3x^2+5xy-2y^2+x+9y-4$.

① 按降次整理:$(3x^2+5xy-2y^2)+(x+9y)-4$;

② 利用十字相乘法分解前3项组成的二次三项式;

③ 在十字相乘图右边画一个十字,把常数分解成2个因数,使这两个因数在第二个十字中的交叉之积的和等于其中含 x 或 y 的一次项的系数;

④ $3x^2+5xy-2y^2+x+9y-4=(3x-y+4)(x+2y-1)$

$$\begin{array}{c}3x\diagdown-y\diagdown4\\x\diagup2y\diagup-1\end{array}$$

方法二:双十字相乘法

$$\begin{array}{c}x\diagdown4y\diagdown-1\\x\diagup-2y\diagup3\end{array}$$

∴ $x^2+2xy-8y^2+2x+14y-3=(x+4y-1)(x-2y+3)$.

方法三：待定系数法

设 $x^2+2xy-8y^2+2x+14y-3=(x+4y+a)(x-2y+b)$，

又 $\because (x+4y+a)(x-2y+b)=x^2+2xy-8y^2+(a+b)x+(4b-2a)y+ab$，

$\therefore a+b=2, 4b-2a=14, ab=-3$，

$\therefore a=-1, b=3$，

$\therefore x^2+2xy-8y^2+2x+14y-3=(x+4y-1)(x-2y+3)$.

问题 ❷

已知实数 x, y, z 满足 $x+y+z=1$，求 $M=xy+2yz+3xz$ 的最大值.

【解析】

方法一：

令 $z=1-x-y$，

$\therefore M=xy+2y(1-x-y)+3x(1-x-y)$

$\quad =xy+2y-2xy-2y^2+3x-3x^2-3xy$

$\quad =-3x^2-4xy-2y^2+2y+3x$

$\quad =-2(x+y)^2+2(x+y)-x^2+x$

$\quad =-2\left[(x+y)^2-(x+y)+\dfrac{1}{4}-\dfrac{1}{4}\right]-(x^2-x+\dfrac{1}{4}-\dfrac{1}{4})$

$\quad =-2(x+y-\dfrac{1}{2})^2-(x-\dfrac{1}{2})^2+\dfrac{3}{4} \leqslant \dfrac{3}{4}$，

故 $M=xy+2yz+3zx$ 的最大值为 $\dfrac{3}{4}$.

方法二：

$M=xy+2yz+3xz$

$\quad =xy+xz+2yz+2xz$

$\quad =x(y+z)+2z(x+y)$

$\quad =x(1-x)+2z(1-z)$

$\quad =-x^2+x+\dfrac{1}{4}-\dfrac{1}{4}-2z^2+2z-\dfrac{1}{2}+\dfrac{1}{2}$

$\quad =-(x-\dfrac{1}{2})^2-2(z-\dfrac{1}{2})^2+\dfrac{3}{4} \leqslant \dfrac{3}{4}$，

故 $M=xy+2yz+3xz$ 的最大值为 $\dfrac{3}{4}$.

问题 ❸

已知三个正数 a, b, c 满足 $abc=1$，求 $\dfrac{a}{ab+a+1}+\dfrac{b}{bc+b+1}+\dfrac{c}{ac+c+1}$ 的值.

【解析】

原式 $=\dfrac{a}{ab+a+abc}+\dfrac{b}{bc+b+1}+\dfrac{c}{ac+c+1}$

$=\dfrac{1}{b+1+bc}+\dfrac{b}{bc+b+1}+\dfrac{c}{ac+c+1}$

$=\dfrac{1+b}{bc+b+1}+\dfrac{c}{ac+c+1}$

$=\dfrac{1+b}{bc+b+1}+\dfrac{bc}{abc+bc+b}$

$=\dfrac{1+b}{bc+b+1}+\dfrac{bc}{1+bc+b}$

$=\dfrac{1+b+bc}{bc+b+1}$

$=1.$

问题 ❹

已知 $\sqrt{(x+c)^2+y^2}+\sqrt{(x-c)^2+y^2}=2a$，且 $a^2-c^2=b^2$，其中 $a>b>0$，求证：$\dfrac{x^2}{a^2}+\dfrac{y^2}{b^2}=1$.

【解析】

$\because \sqrt{(x+c)^2+y^2}+\sqrt{(x-c)^2+y^2}=2a$，$\therefore \sqrt{(x+c)^2+y^2}=2a-\sqrt{(x-c)^2+y^2}$，

两边同时平方得 $(x+c)^2+y^2=4a^2+(x-c)^2+y^2-4a\sqrt{(x-c)^2+y^2}$，

$(x+c)^2+y^2-4a^2-(x-c)^2-y^2=-4a\sqrt{(x-c)^2+y^2}$，

整理得 $a\sqrt{(x-c)^2+y^2}=a^2-cx$，

两边同时平方得 $a^2(x-c)^2+a^2y^2=a^4-2a^2cx+c^2x^2$，

整理得 $a^2x^2-c^2x^2+a^2y^2=a^4-a^2c^2$，且 $a^2-c^2=b^2$，$\therefore b^2x^2+a^2y^2=a^2b^2$，

两边同时除以 a^2b^2，得 $\dfrac{x^2}{a^2}+\dfrac{y^2}{b^2}=1$.

知识延展

求证:平面内到两个定点 F_1, F_2 的距离的和等于常数(大于$|F_1F_2|$)的点的轨迹叫作椭圆,这两个定点叫作椭圆焦点,两焦点间的距离叫作椭圆的焦距.

证明:设 $F_1(-c, 0), F_2(c, 0), M(x, y)$;

则 $\sqrt{(x+c)^2+y^2}+\sqrt{(x-c)^2+y^2}=2a$ 的几何意义为到点 F_1 和 F_2 距离之和为 $2a$ 的点的集合,

则 M 的轨迹是以 F_1, F_2 为焦点的椭圆,

椭圆方程为 $\dfrac{x^2}{a^2}+\dfrac{y^2}{b^2}=1$,其中 $a^2-c^2=b^2$.

即可得结论.

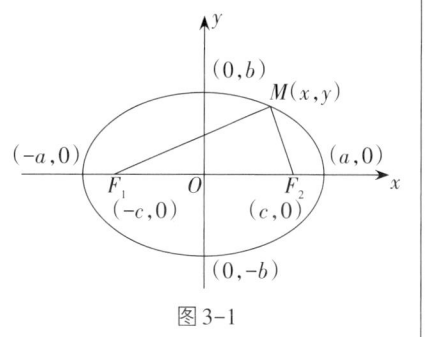

图 3-1

拓展应用

1. 已知 $x>1$,化简 $\sqrt{x^2+\dfrac{1}{x^2}-2}=$ _____.

2. 分解因式.

(1) a^7-ab^6;   (2) $x^2-2xy-8y^2-x-14y-6$.

3. 当 $a+b+c=0, a^2+b^2+c^2=1$ 时,求下列各式的值.

(1) $ab+bc+ca$;

(2) $a^4+b^4+c^4$.

4.已知方程 $x^4-9x^2+12x-4=0$ 有一个根是1,另一个根是2,解这个方程.

5.求 $\sqrt{x+11-6\sqrt{x+2}}+\sqrt{x+27-10\sqrt{x+2}}=1$ 的实数根的个数.

6.在平面直角坐标系中,动点 $M(x,y)$ 到定点 $F\left(0,\dfrac{p}{2}\right)$ 的距离等于 M 到直线 $l:y=-\dfrac{p}{2}$ 的距离,求证:点 M 的运动轨迹为 $x^2=2py$.

第四讲　方程(不等式)的解及其几何意义

《义务课程标准》指出:认识方程解的意义,经历估计方程解的过程;掌握等式的基本性质,能运用等式的基本性质进行等式的变形,能根据等式的基本性质解一元一次方程和可化为一元一次方程的分式方程;能根据二元一次方程组的特征,选择代入消元法或加减消元法解二元一次方程组;能解简单的三元一次方程组;能根据一元二次方程的特征,选择配方法、公式法、因式分解法解数字系数的一元二次方程;会用一元二次方程根的判别式判别方程是否有实根及两个实根是否相等,会将一元二次方程根的情况与一元二次方程根的判别式相联系;知道利用一元二次方程的根与系数的关系可以解决一些简单的问题;能根据具体问题的实际意义,检验方程的解是否合理;能解数字系数的一元一次不等式,并能在数轴上表示出解集;会用数轴确定两个一元一次不等式组成的不等式组的解集;能根据具体问题中的数量关系,列出一元一次不等式,解决简单的实际问题,建立模型观念.

《高中课程标准》指出:在相等关系与不等关系的教学中,应引导学生通过类比学过的等式与不等式的性质,进一步探索等式与不等式的共性与差异.用函数理解方程和不等式是数学的基本思想方法……用一元二次函数认识一元二次方程和一元二次不等式……理解函数、方程和不等式之间的联系,体会数学的整体性……感悟数学知识之间的关联,认识函数的重要性.

由两个课程标准可以看出,初中阶段的方程的解法体现在两个方面:一是"消元",即二元一次方程组(三元一次方程组)转化为一元一次方程;二是"降次",将一元二次方程转化为两个一元一次方程.初中阶段所涉及的方程的系数都为具体的数字,不涉及参数系数.同时,初中已经学过一元一次方程、一次函数与一元一次不等式之间的关系,从整体上理解三者之间的关系,学生已有一定的经验.高中阶段的方程与不等式的解法,主要是从函数的观点来看,从函数图象上来理解方程的解或不等式的解集,即从函数观点看一元二次方程、一元二次不等式,在建立二次函数与一元二次方程、不等式的联系中,获得用二次函数求解一元二次方程、一元二次不等式的一般性方法.

在几何意义上函数与方程存在着联系,令函数值等于零,从几何角度看,对应的自变量是图象与 x 轴交点的横坐标;从代数角度看,对应的自变量是方程的解,体现函数对于方程、不等式的"整合"作用,体现了数学的整体性.因此,求方程或不等式的解在初高中的衔接主要体现在求利用"降次"或者"消元"很难求解一些方程的解或者直接判断方程的解的个数时,将方程或不等式转化为两个函数图象,直观地显示出交点的个数,再利用"夹逼法"求交点的横坐标的近似值,即为方程的解,或根据函数图象的位置,利用所求的方程的解,求出不等式的解集.

衔接要点

初中阶段学习的一元一次方程的未知数不含绝对值且其系数为常数,而未知数系数含参或含有绝对值的方程在高中阶段较为常见,方程转化为函数,其图象具有直观性,是解决该衔接点的主要方法(见题1);初中阶段在比较函数的大小时,由于自变量的系数为具体的数值,通常将其转化为不等式,求出不等式的解,或者将其转化为方程组,求出方程组的解并作为函数图象在平面直角坐标系中的交点的横坐标来比较,而自变量的系数为参数,其求解方法与系数为具体的值是一致的,因此,方法的一致性是重要的衔接点(见题2);初中阶段涉及的二次函数的二次项系数不含有参数,当其含有参数时,分类讨论成为衔接的重要数学思想(见题3);二元一次方程与二次函数之间的关联我们比较熟悉,从二元一次方程过渡到二元一次不等式,再结合二次函数的图象,"三个二次"是初高中衔接的重要内容(见题4).

1.已知方程 $|x|=ax+1$ 有一个负根而且没有正根,那么 a 的取值范围是( ).

A.$a \leqslant -1$ B.$-1 < a < 0$ C.$0 < a < 1$ D.$a \geqslant 1$

【解析】

如图4-1,令 $y=|x|$ 和 $y=ax+1$,而函数 $y=ax+1$ 必过点 $(0,1)$,

∵方程 $|x|=ax+1$ 有一个负根而且没有正根,

∴函数 $y=ax+1$ 的图象与函数 $y=|x|$ 的图象只在第二象限有一个交点,

∴$a \geqslant 1$.

故选:D.

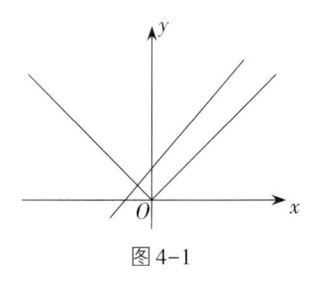

图4-1

2. 如图4-2,已知正比例函数$y=k_1x$和反比例函数$y=\dfrac{k_2}{x}$在同一坐标系中的图象,则不等式$k_1x>\dfrac{k_2}{x}$的解集为( ).

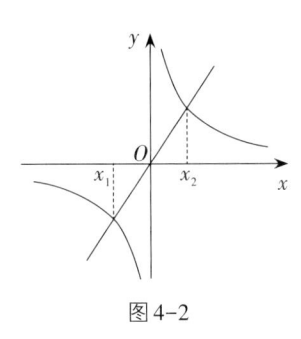

图4-2

A. $x_1<x<x_2$ B. $x<x_1$或$x>x_2$ C. $x_1<x<0$或$x>x_2$ D. $x<x_1$或$0<x<x_2$

【解析】

∵正比例函数$y=k_1x$与反比例函数$y=\dfrac{k_2}{x}$的图象的交点为$\left(x_1,\dfrac{k_2}{x_1}\right)$,$\left(x_2,\dfrac{k_2}{x_2}\right)$,要使得$k_1x>\dfrac{k_2}{x}$,即正比例函数图象在反比例函数图象的上方,观察函数图象,得$x_1<x<0$或$x>x_2$,

∴不等式$k_1x>\dfrac{k_2}{x}$的解集是$x_1<x<0$或$x>x_2$.

故选:C.

3. 已知函数$y=mx^2+2(m-1)x+m+1$的图象与x轴有交点,则m的取值范围是_____.

【解析】

① 当$m=0$时,原函数为一次函数,可化简$y=-2x+1$,此时函数图象与x轴交于点$\left(\dfrac{1}{2},0\right)$,∴$m=0$时,符合题意;

② 当$m\neq 0$时,原函数为二次函数,

∵图象与x轴有交点,

∴$\Delta=4(m-1)^2-4m(m+1)=-12m+4\geqslant 0$,解得$m\leqslant \dfrac{1}{3}$,

∴$m\leqslant \dfrac{1}{3}$且$m\neq 0$.

综上所述,$m\leqslant \dfrac{1}{3}$.

4.已知抛物线 $y=x^2+bx+c$ 与 x 轴交于两点 $A(-1,0),B(2,0)$,则不等式 $x^2+bx+c>0$ 的解集为_____,不等式 $x^2-bx+c\leq0$ 的解集为_____.

【解析】

抛物线与 x 轴交于 $A(-1,0),B(2,0)$ 两点,如图4-3,不等式 $x^2+bx+c>0$ 的解集为函数图象在 x 轴上方时 x 的取值范围,

∴ $x^2+bx+c>0$ 的解集为 $x<-1$ 或 $x>2$;

如图4-4,$y=x^2-bx+c$ 与 $y=x^2+bx+c$ 关于 y 轴对称,

∴ $y=x^2-bx+c$ 与 x 轴的交点为 $A'(1,0),B'(-2,0)$,

∴ $x^2-bx+c\leq0$ 的解集为 $-2\leq x\leq1$.

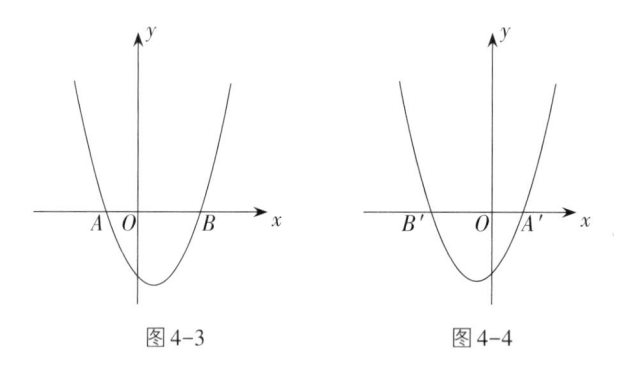

图4-3

图4-4

问题探究

由衔接要点的探究,我们发现未知数系数含参更多涉及的是方程,高中阶段常见的未知数含参不等式(组)、分式方程又是如何求解的呢?对于一元二次方程我们容易求解,如果是含绝对值的一元二次方程的图象是怎样的,它的解的个数和哪个量有关呢?通过函数图象可以直观地看出图象上各个点之间的大小关系,但是如何通过严格的代数推理来证明其大小关系呢?初中阶段,我们研究的是单一的函数,如果是复合函数,又该如何求其解析式和证明其解的具体个数呢?下面我们一起来探究吧!

问题 ①

解下列关于 x 的不等式(组).

(1) $ax+1>0$;

(2) $\dfrac{x}{x-1}<2$;

(3) $x^2-ax+1\leqslant 0$;

(4) $\begin{cases} |x-2|\leqslant 1, \\ x^2-(2a+1)x+a(a+1)>0. \end{cases}$

【解析】

(1)①当$a=0$时,$1>0$,满足题意,∴x取任意实数;

②当$a>0$时,$ax>-1$,∴$x>-\dfrac{1}{a}$;

③当$a<0$时,$ax>-1$,∴$x<-\dfrac{1}{a}$.

∴$\begin{cases} x<-\dfrac{1}{a}, a<0, \\ x\text{取任意实数}, a=0, \\ x>-\dfrac{1}{a}, a>0. \end{cases}$

(2)$\dfrac{x}{x-1}-2<0$,$\dfrac{x-2(x-1)}{x-1}<0$,$\dfrac{-x+2}{x-1}<0$,$(-x+2)(x-1)<0$,$(x-2)(x-1)>0$,解得$x>2$或$x<1$.

分式不等式的解法
①若$\dfrac{A}{B}>0$则表示A,B同号,即$A\cdot B>0$,例:若$\dfrac{x}{x-1}>0$则$x(x-1)>0$,解得$x>1$或$x<0$;
②若$\dfrac{A}{B}<0$则表示A,B异号,即$A\cdot B<0$,例:若$\dfrac{x}{x-1}<0$则$x(x-1)<0$,解得$0<x<1$;
③若$\dfrac{A}{B}\geqslant 0$则表示A,B同号且分母不为0,即$\begin{cases} A\cdot B\geqslant 0, \\ B\neq 0, \end{cases}$例:若$\dfrac{x}{x-1}\geqslant 0$则$x(x-1)\geqslant 0$且$x\neq 1$,解得$x>1$或$x\leqslant 0$.
④若$\dfrac{A}{B}\leqslant 0$则表示A,B异号且分母不为0,即$\begin{cases} A\cdot B\leqslant 0, \\ B\neq 0, \end{cases}$例:若$\dfrac{x}{x-1}\leqslant 0$则$x(x-1)\leqslant 0$且$x\neq 1$,解得$0\leqslant x<1$.

(3)①当$\Delta=a^2-4<0$,即$-2<a<2$时,无解;

②当$\Delta=a^2-4=0$,即$a=2$时,$x=1$;$a=-2$时,$x=-1$;

③当$\Delta=a^2-4>0$,即$a>2$或$a<-2$时,$\dfrac{a-\sqrt{a^2-4}}{2}\leqslant x\leqslant \dfrac{a+\sqrt{a^2-4}}{2}$;

(4)$\begin{cases} |x-2|\leqslant 1, & (\text{i}) \\ x^2-(2a+1)x+a(a+1)>0. & (\text{ii}) \end{cases}$

依题意得,$|x-2|\leqslant 1$表示在数轴上x到2的距离小于等于1,∴$1\leqslant x\leqslant 3$;

由(ⅱ)得,$(x-a)[x-(a+1)]>0$,解得$x>a+1$或$x<a$,

①当$a<0$时,原不等式组的解集为$1\leq x\leq 3$,如图4-5所示;

②当$0\leq a\leq 1$时,原不等式组的解集为$a+1<x\leq 3$,如图4-6所示;

③当$1<a<2$时,原不等式组的解集为$1\leq x<a$或$a+1<x\leq 3$,如图4-7所示;

④当$2\leq a\leq 3$时,原不等式组的解集为$1\leq x<a$,如图4-8所示;

⑤当$a>3$时,原不等式组的解集为$1\leq x\leq 3$,如图4-9所示.

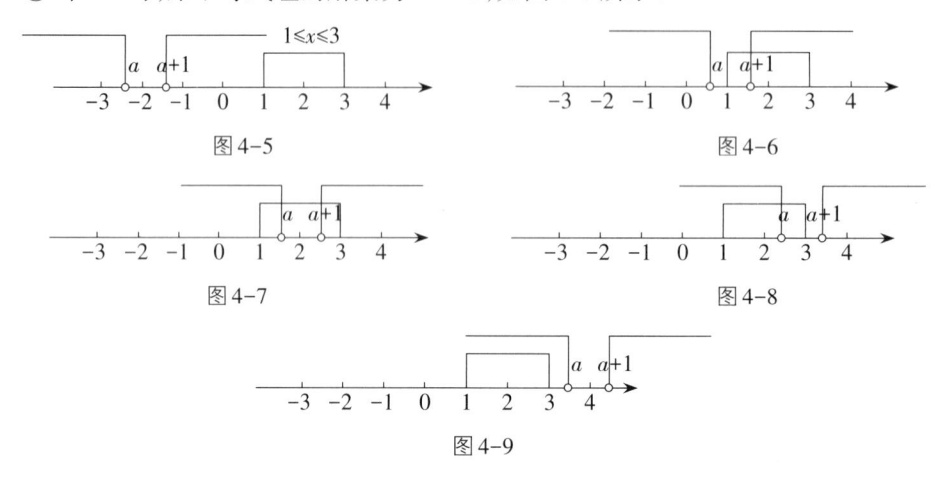

图4-5

图4-6

图4-7

图4-8

图4-9

问题 ❷

已知a是实常数,讨论关于x的方程$|x^2-6x+8|=a$的实数解的个数.

【解析】

方程$|x^2-6x+8|=a$的实数解的个数可转化为函数$y=|x^2-6x+8|$与$y=a$的交点的个数,先作$y=x^2-6x+8$的函数图象,把x轴下方的图象沿着x轴向上翻折得到函数$y=|x^2-6x+8|$的图象,再作出$y=a$的图象如图4-10,结合图象可知:

①当$a<0$时,方程$|x^2-6x+8|=a$无解;

②当$a=0$或$a>1$时,方程$|x^2-6x+8|=a$有2个解;

③当$a=1$时,方程$|x^2-6x+8|=a$有3个解;

④当$0<a<1$时,方程$|x^2-6x+8|=a$有4个解.

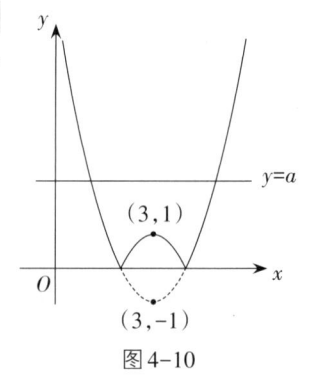

图4-10

问题 ❸

已知抛物线$y=x^2+px+q$上有一点$M(x_0,y_0)$位于x轴下方.

(1)求证:此抛物线与x轴交于两点;

(2)设此抛物线与x轴的交点为$A(x_1,0)$,$B(x_2,0)$,且$x_1<x_2$,求证:$x_1<x_0<x_2$.

【解析】

(1) $\because y=x^2+px+q$ 上有一点 $M(x_0,y_0)$ 位于 x 轴下方,

$\therefore y_0=x_0^2+px_0+q=(x_0+\dfrac{p}{2})^2-\dfrac{p^2-4q}{4}<0,\therefore \dfrac{p^2-4q}{4}>(x_0+\dfrac{p}{2})^2\geqslant 0,\therefore p^2-4q>0,$

$\therefore \Delta>0,$ 即此抛物线与 x 轴交于两点.

(2) 由题意得 $y_0=x_0^2+px_0+q$,由根与系数的关系得,$x_1+x_2=-p,x_1\cdot x_2=q$,

$\therefore y_0=x_0^2-(x_1+x_2)x_0+x_1\cdot x_2=(x_0-x_1)(x_0-x_2)<0$,故 $x_1<x_0<x_2$.

问题 ❹

已知 y_1 是关于 x 的二次函数,其图象以原点为顶点且过点 $(1,1).y_2$ 是关于 x 的反比例函数,其图象与直线 $y_3=x$ 的两交点间距离为 8.设 $y=y_1+y_2,y$ 是关于 x 的函数.

(1) 求函数 y 的解析式;

(2) 设 $a>3$,证明:关于 x 的方程 $y=-x^2-\dfrac{8}{x}+a^2$ 有三个实数解.

【解析】

(1) 如图 4-11,依题意得,设 $y_1=ax^2(a\neq 0)$,

$\because$ 函数过点 $(1,1)$,代入得 $a=1$,

$\therefore y_1=x^2$,

设 $y_2=\dfrac{k}{x}$ ($k\neq 0$),与 $y=x$ 交于 A,B 两点,

与 $y=x$ 函数联立得 $x_A=-\sqrt{k},x_B=\sqrt{k}$,

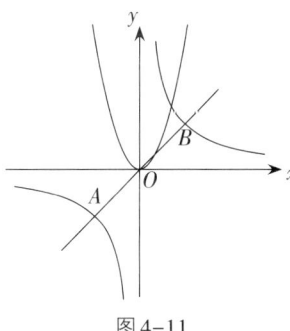

代入 $y=x$ 得 $y_A=-\sqrt{k},y_B=\sqrt{k}$,

图 4-11

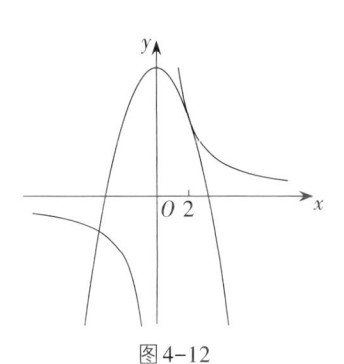

又 $\because |AB|=8,\therefore x_B-x_A=\dfrac{8}{\sqrt{2}}=4\sqrt{2}$,即 $\sqrt{k}-(-\sqrt{k})=4\sqrt{2}$,解得 $k=8$,

$\therefore y=y_1+y_2=x^2+\dfrac{8}{x}$.

(2) 设 $y_4=\dfrac{8}{x},y_5=-x^2+a^2$,如图 4-12,在同一坐标系内作出 y_4,y_5 的大致图象,

$\because$ 当 $x=2$ 时,$y_4=4,y_5=a^2-4$,

$\therefore$ 当 $a>3$ 时,$y_5>y_4$,

$\therefore$ 当 $a>3$ 时,在第一象限 $y_4=\dfrac{8}{x}$ 的图象上存在一点 $(2,4)$ 在 y_5 图象的下方.

图 4-12

$\therefore y_4$ 与 y_5 在第一象限有两个交点.

$\therefore$ 当 $a>3$ 时,关于 x 的方程 $y=-x^2-\dfrac{8}{x}+a^2$ 有三个实数解.

拓展应用

1. 方程 $2x - x^2 = \dfrac{2}{x}$ 的正根的个数是（　　）.

   A.0 个　　　　B.1 个　　　　C.2 个　　　　D.3 个

2. 若关于 x 的不等式 $ax^2+bx+12<0$ 的解集为 $x<-2$ 或 $x>3$，则 b 等于（　　）.

   A.2　　　　B.-2　　　　C.72　　　　D.-72

3. 已知关于 x 的方程 $\left|\dfrac{1}{x-1}-1\right|=a$ 有一个正根和一个负根，则 a 的取值范围是_____.

4. 如图 4-13，直线 $y=2x+m(m>0)$ 与 x 轴交于点 A，直线 $y=-x+n(n>0)$ 与 x 轴、y 轴分别交于点 B，D，并与直线 $y=2x+m$ 相交于点 C．若 $AB=4$，四边形 $CAOD$ 的面积是 $\dfrac{10}{3}$，则 $m=$_____，$n=$_____．

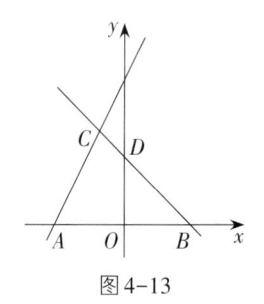

   图 4-13

5. 解下列不等式（组）．

   （1）$\dfrac{2x-1}{3x+1} \geq 0$；

   （2）$3<|1-2x| \leq 5$；

   （3）$-2x^2+x<a$；

   （4）$\begin{cases} a-x<2x, \\ 3x^2-x-2 \leq 0. \end{cases}$

6. 设 $a \geq 0$，P 是抛物线 $y=x^2+ax$ 上横坐标为 $x_0(x_0>0)$ 的一点，设经过点 P 的直线 l 与抛物线有且只有一个公共点，且直线 l 交 x 轴于点 $(x_1, 0)$，证明：$x_1=x_0$ 或 $0<x_1 \leq \dfrac{x_0}{2}$．

第五讲 方程的区间根与有限制条件的最值问题

《义务课程标准》指出：认识方程解的意义，经历估计方程解的过程；能根据具体问题的实际意义，检验方程的解是否合理；能确定简单实际问题中函数自变量的取值范围，会求函数值；能用适当的函数表示法刻画简单实际问题中变量之间的关系，理解函数值的意义．

《高中课程标准》指出：会从函数观点看一元二次方程，会结合一元二次函数的图象，判断一元二次方程实根的存在性及实根的个数，了解函数的零点与方程根的关系．引导学生从变量之间的依赖关系、函数图象的几何直观整体认识函数，能够理解函数的单调性、最大（小）值．

由两个课程标准可以看出，初中阶段对于方程的根的限制，主要体现在由根号下是非负数、分母不能为0，或者符合实际应用问题来对方程的解的合理性进行检验；对于最值，主要体现在方程与函数之间进行关联，当把x与y看作未知数时，对应为方程，当把x与y看作变量时，对应为函数．所以初中阶段要求学生会用配方法将数字系数的二次函数的表达式化为$y=a(x-h)^2+k$的形式，利用顶点、开口方向、对称轴来得出二次函数的最大值或最小值，并能确定相应的自变量的值．高中阶段利用函数观点看方程，将一元二次方程转化为二次函数，利用函数的图象直观地理解方程的根的分布情况，同时，对于函数的单调性与最大（小）值，由初中阶段的直观地观察图象转变为严谨的代数推理．

判别含参方程在定义域或指定区间根的个数以及反问题（即已知含参方程在定义域或指定区间存在根，要求确定参数的取值范围），是高考重点，在高中阶段，可以利用"零点存在性定理"，即"零点存在性定理是证明连续函数在闭区间上存在零点的基本方法，那么证明函数在区间上存在多个零点时则需将函数分为若干单调区间，在每个单调区间上分别应用零点存在性定理进行求解"．那么对于方程的区间根与有限制条件的最值问题的初高中衔接，则主要体现在含有字母系数的一元二次方程的根的讨论，转化为含有字母系数

(参数)的二次函数图象的变化,利用二次函数的图象,对区间根进行直观地描述,结合根的判别式、韦达定理等初中学生掌握的知识建立含有字母系数(参数)的不等式进行求解.整个过程中,借助二次函数图象,数形结合去发现函数、方程、不等式三者的联系,进一步发展用函数观点认识方程和不等式的数学思想方法,体会数学的整体性,培养直观想象、数学抽象等核心素养.

衔接要点

初中阶段,我们学习了分式方程,但是函数仅限于反比例函数 $y=\dfrac{k}{x}(k\neq 0)$,那么如何从 $y=\dfrac{k}{x}(k\neq 0)$ 过渡到 $y=\dfrac{k}{x+m}+n(k\neq 0)$,并在有限制条件的情况下求其最值问题,是比较重要的初高中衔接内容(见题1);对于一元二次方程,初中阶段往往由根的判别式判别该方程是否有解并求其具体的根,在含参的一元二次方程中,方程的区间根随着参数的变化而变化,从具体的方程的根到变化的方程的根,需要有一个适应的过程,因此,该内容是初高中衔接的重点(见题2、题3);初中阶段比较容易掌握一次函数和二次函数的有限制条件的最值问题,主要原因是只有一个变量(一元),而由一元到多元的有条件的最值问题的难度相对较大.因此,为了更好地适应该难度的变化,该内容应当是衔接的主要内容(见题4).

1. 函数 $y=\dfrac{1}{x+1}$ 在 $x\geq 0$ 的范围内(   ).

A.有最大值,无最小值   B.有最小值,无最大值

C.既有最大值,又有最小值   D.既无最大值,又无最小值

【解析】

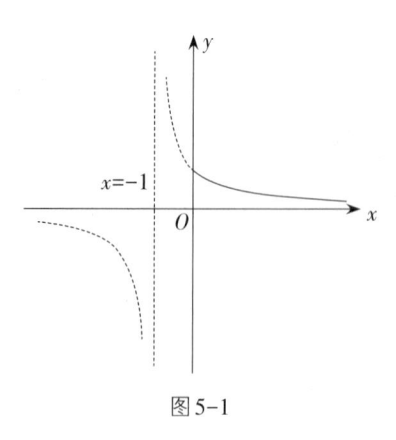

图 5-1

如图5-1,函数的实线部分为 $x\geq 0$ 的图象,依图可得,函数有最大值,无最小值.
故选:A.

2. 已知方程 $x^2+2mx+2m^2-3=0$ 有一根大于2，另一根小于2，则 m 的取值范围是（　　）.

A. $m \neq -1 \pm \dfrac{\sqrt{2}}{2}$

B. $-1-\dfrac{\sqrt{2}}{2}<m<-1+\dfrac{\sqrt{2}}{2}$

C. $m<-1-\dfrac{\sqrt{2}}{2}$ 或 $m>-1+\dfrac{\sqrt{2}}{2}$

D. $-\sqrt{3}<m<-1-\dfrac{\sqrt{2}}{2}$ 或 $-1+\dfrac{\sqrt{2}}{2}<m<\sqrt{3}$

【解析】

如图5-2所示，依题意，设 $y=x^2+2mx+2m^2-3$，问题转化为抛物线 $y=x^2+2mx+2m^2-3$ 与 x 轴的交点分别在 $(2,0)$ 的左右两侧，则

$$\begin{cases} \Delta=(2m)^2-4\cdot 1\cdot(2m^2-3)>0, \\ 2^2+2m\cdot 2+2m^2-3<0, \end{cases}$$

解得 $-1-\dfrac{\sqrt{2}}{2}<m<-1+\dfrac{\sqrt{2}}{2}$.

故选：B.

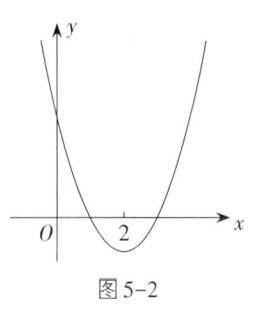

图5-2

3. 若一元二次方程 $(m-1)x^2+2(m+1)x-m=0$ 有两个正根，则 m 的取值范围是_____.

【解析】

∵一元二次方程 $(m-1)x^2+2(m+1)x-m=0$ 有两个正根，

∴ $\begin{cases} m-1\neq 0, \\ \Delta=4(m+1)^2+4m(m-1)\geqslant 0, \\ \dfrac{-2(m+1)}{m-1}>0, \\ \dfrac{-m}{m-1}>0, \end{cases}$ 解得 $\begin{cases} m\neq 1, \\ m\text{为全体实数}, \\ 1<m<1, \\ 0<m<1, \end{cases}$

∴ $0<m<1$.

∴ m 的取值范围为 $0<m<1$.

4. 已知实数 x,y 满足 $2x^2+y^2-6x=0$，则 x^2+y^2+2x 的最大值是_____.

【解析】

∵ x,y 满足 $2x^2-6x+y^2=0$，∴ $y^2=-2x^2+6x\geqslant 0$，∴ $0\leqslant x\leqslant 3$.

∴ $x^2+y^2+2x=-x^2+8x=-(x-4)^2+16$，当 $x=3$ 时，x^2+y^2+2x 有最大值为15.

问题探究

在衔接要点的探究中,我们探究了含参的一元二次方程在区间内含两个根的情况,若只讨论在区间内有一个根的情况,这和前者的区别和联系是怎样的呢?对于给定具体的二次函数,当自变量在动态的区间里,对应的因变量的最值在变化,如何求该最大、最小值呢?初中阶段我们学习了直线与圆的位置关系,若给定在四分之一圆的背景下,两个相切(外切)半圆的面积和是否存在最小值,如存在,最小值是多少呢?下面我们一起来探究吧!

问题 ❶

已知方程 $x^2-11x+m-2=0$ 的两实根都大于1,求 m 的取值范围.

【解析】

解:如图5-3所示,设 $y=x^2-11x+m-2$,由题意可得

$$\begin{cases} \Delta=121-4(m-2) \geqslant 0, \\ 1-11 \cdot 1+m-2>0, \\ -\dfrac{-11}{2}=\dfrac{11}{2}>1, \end{cases} \quad 解得 12<m \leqslant \dfrac{129}{4}.$$

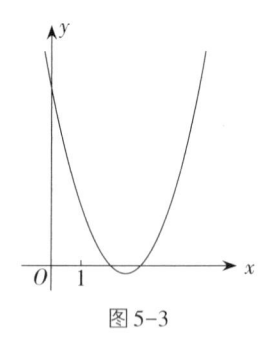

图5-3

问题 ❷

已知方程 $x^2+(m-2)x+2m-1=0$ 有实根在0和1之间,求 m 的取值范围.

【解析】

解:方程 $x^2+(m-2)x+2m-1=0$ 对应的二次函数 $y=x^2+(m-2)x+2m-1$,

① 如图5-4所示,当方程 $x^2+(m-2)x+2m-1=0$ 只有一实根在0和1之间,

∴ y 在 $x=0$ 与 $x=1$ 的值要异号,

即 $(1+m-2+2m-1)(2m-1)<0$,解得 $\dfrac{1}{2}<m<\dfrac{2}{3}$.

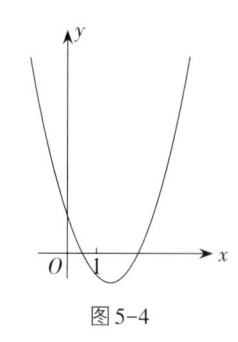

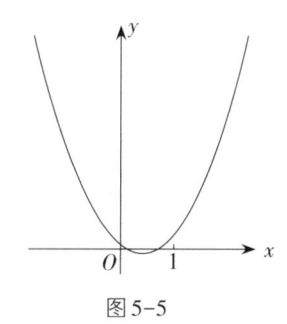

图5-4

图5-5

②如图5-5所示,当有两个根在(0,1)之间时,m满足 $\begin{cases} 0<\dfrac{-m+2}{2}<1, \\ 2m-1>0, \\ 1+(m-2)+2m-1>0, \\ (m-2)^2-4(2m-1)\geq 0, \end{cases}$

解得 $\dfrac{2}{3}<m\leq 6-2\sqrt{7}$.

∵当 $m=\dfrac{2}{3}$ 时原方程的两个根为 $\dfrac{1}{3}$,1,满足题意,

综上所述,$\dfrac{1}{2}<m\leq 6-2\sqrt{7}$.

故答案为:$\dfrac{1}{2}<m\leq 6-2\sqrt{7}$.

问题 ❸

对于任意给定的实数 t,记函数 $y=x^2-2x$ 在 $t\leq x\leq t+1$ 上的最大值为 M,最小值为 m.

(1)求 M,m 关于 t 的解析式;
(2)作出 M,m 关于 t 的函数图象.

【解析】

解:(1)∵二次函数 $y=x^2-2x$ 的开口方向向上,对称轴为直线 $x=1$,顶点为 $(1,-1)$,

∴当 $x\leq 1$ 时,y 随 x 的增大而减小,当 $x\geq 1$ 时,y 随 x 的增大而增大,

①当 $t+1<1$,即 $t<0$ 时,$m=(t+1)^2-2(t+1)=t^2-1$,$M=t^2-2t$,

②当 $t>1$ 时,$m=t^2-2t$,$M=(t+1)^2-2(t+1)=t^2-1$,

③当 $t\leq 1\leq t+1$,即 $0\leq t\leq 1$ 时,

当 $t+\dfrac{1}{2}\leq 1$,即 $t\leq \dfrac{1}{2}$ 时,$M=t^2-2t$,$m=-1$,

当 $1<t+\dfrac{1}{2}$,即 $t>\dfrac{1}{2}$ 时,$M=(t+1)^2-2(t+1)=t^2-1$,$m=-1$,

故答案为 $M=\begin{cases} t^2-2t,\ t\leq \dfrac{1}{2} \\ t^2-1,\ t>\dfrac{1}{2}, \end{cases}$ $m=\begin{cases} t^2-1,\ t<0, \\ -1,\ 0\leq t\leq 1, \\ t^2-2t,\ t>1. \end{cases}$

(2)

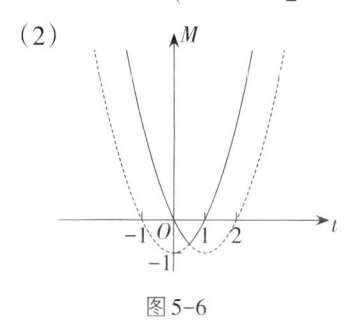

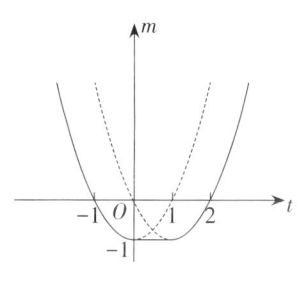

图5-6

图5-7

问题 ❹

如图5-8,扇形OAB是半径为1的单位圆的四分之一,半圆O_1的圆心O_1在OA上,并与弧AB内切于点A,半圆O_2的圆心O_2在OB上,并与弧AB内切于点B,半圆O_1与半圆O_2相外切.设两个半圆的半径之和为x,面积之和为y.

(1)求以x为自变量的函数y的解析式;
(2)求函数y的最小值.

【解析】

解:(1)设两圆半径分别为R,r,

$$y = \frac{1}{2}\pi(R^2+r^2),$$

$$x = r+R,$$

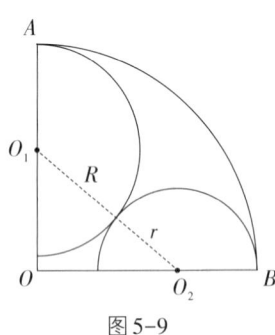

通过变形把R^2和r^2用$x=R+r$的代数式表示,作基本辅助线,如图5-9所示,半径分别为R,r的$\odot O_1$,$\odot O_2$外切于点C,连接O_1O_2.

图5-8

$$y = \frac{1}{2}\pi(R^2+r^2) = \frac{1}{2}\pi[(R+r)^2 - 2Rr],$$

且有$(R+r)^2 = (1-R)^2 + (1-r)^2$,化简得$r+R+Rr=1$,

$$\therefore y = \frac{1}{2}\pi\{(R+r)^2 - 2[1-(R+r)]\} = \frac{\pi}{2}(x^2+2x-2),$$

$\therefore$以x为自变量的函数y的解析式为$y = \frac{\pi}{2}(x^2+2x-2)$.

(2)$\because (\sqrt{R}-\sqrt{r})^2 \geq 0$,

$\therefore R+r \geq 2\sqrt{Rr}$,

$\therefore \frac{(R+r)^2}{4} \geq Rr.$

又$\because Rr = 1-(R+r)$,

$\therefore (R+r)^2 + 4(R+r) - 4 \geq 0.$

又$\because R+r \geq 0$,

$\therefore R+r \geq 2\sqrt{2}-2$,即$x \geq 2\sqrt{2}-2$,

故函数$y = \frac{\pi}{2}(x^2+2x-2) = \frac{\pi}{2}(x+1)^2 - \frac{3\pi}{2}$,

当$x = 2\sqrt{2}-2$时,有$y_{\min} = (3-2\sqrt{2})\pi$.

答:函数y的最小值为$y_{\min} = (3-2\sqrt{2})\pi$.

图5-9

拓展应用

1. 已知 x, y, z 是三个非负实数,且满足 $3x+2y+z=5$, $x+y-z=2$,若 $s=2x+y-z$,则 s 的最大值与最小值的和为( ).

   A.5　　　　B.$\dfrac{23}{4}$　　　　C.$\dfrac{27}{4}$　　　　D.$\dfrac{35}{4}$

2. 若一元二次方程 $mx^2-(m+1)x+3=0$ 的两个实根都大于 -1,则 m 的取值范围是( ).

   A.$5-2\sqrt{6}<m<5+2\sqrt{6}$　　　　B.$-2<m<5-2\sqrt{6}$

   C.$m<5-2\sqrt{6}$ 或 $m>5+2\sqrt{6}$　　　　D.$m<-2$ 或 $0<m\leq 5-2\sqrt{6}$ 或 $m\geq 5+2\sqrt{6}$

3. 若方程 $x^2+(k+2)x-k=0$ 的两实根均在 $-1<x<1$ 内,则 k 的取值范围是_____.

4. 已知 x_1, x_2 是方程 $2x^2-4mx+2m^2+3m-2=0$ 的两个实根,则 $x_1^2+x_2^2$ 的最小值是_____.

5. 设函数 $y=4x^2-4ax+a^2-2a+2$ 在 $0\leq x\leq 2$ 上的最小值为 m.

   (1)当 $m=3$ 时,求 a 的值;

   (2)将 m 表示为 a 的函数,并作出这个函数的图象.

6. 已知关于 x 的方程 $\dfrac{1}{x}+\dfrac{1}{x+a}+\dfrac{1}{x+a^2}=0$,其中 $a<0$.

   (1)证明:方程有两个异号实根;

   (2)证明:方程的正根必小于 $-\dfrac{2}{3}a$,负根必大于 $-\dfrac{2}{3}a^2$.

第六讲 几何不变量与动态几何初探

《义务课程标准》指出:几何直观主要是指运用图表描述和分析问题的意识与习惯.能够感知各种几何图形及其组成元素,依据图形的特征进行分类;根据语言描述画出相应的图形,分析图形的性质;建立形与数的联系,构建数学问题的直观模型;利用图表分析实际情境与数学问题,探索解决问题的思路.几何直观有助于把握问题的本质,明晰思维的路径.

《高中课程标准》指出:直观想象是指借助几何直观和空间想象感知事物的形态与变化,利用空间形式特别是图形,理解和解决数学问题的素养.主要包括:借助空间形式认识事物的位置关系、形态变化与运动规律;利用图形描述、分析数学问题;建立形与数的联系,构建数学问题的直观模型,探索解决问题的思路.

由两个课程标准可以看出,初中开始学习与理解几何的方式是从观察、实验、测量逐步过渡到高中以演绎为主的推理的,几何直观从基于操作经验的感悟逐步过渡到基于概念的推理,形成初步的几何直觉.初中阶段的几何直观主要表现在:(1)通过尺规作图、折纸、剪拼等操作活动,感知图形的结构特征;(2)理解数轴的作用与意义,初步感悟数形结合的思想;(3)能够发现或构建数学符号的几何意义,运用数形结合的方法解决问题;(4)能够利用图形表示、理解和解释几何概念与命题,进行几何推理;(5)能够在问题情境中进行实物情境、文字语言、符号语言与图形表示之间的转换与解释,把文字和符号表达的图形信息转换为几何直观;(6)能够利用变换、坐标表示图形的运动与性质,感悟数形结合的思想;(7)能够运用图表工具表示、分析问题情境中的数量关系,构建模型,解决问题.高中阶段的直观想象主要体现在:(1)以形助数或以数思形,通过数形结合的思想方法,建立数与形的联系;(2)能够借助几何图形的形象关系去描述一个相对复杂、抽象的问题,即把研究问题图形化;(3)对空间形式和数量关系进行直接感知、整体把握,从而把复杂的数学问题变得简明、形象;(4)根据物体特征抽象出几何图形,根据几何图形想象出所描述的物体,想象物体的方位和相互之间的数量关系,描述图形的运动和变化.

因此,在初高中衔接的几何直观主要关注在以下几个方面:(1)利用数轴与平面直角坐标系建立数与形的联系,数轴是实数的几何模型,通过数轴建立数与点、数与距离之间的对应关系,可以利用点的位置关系描述数的大小关系,而平面直角坐标系不仅可以反映平面上的点、图形的位置与形状,更重要的是可以描述两个变量之间的变化规律,让我们可以静态地研究稍纵即逝的变化过程;(2)利用代数表达式的几何意义,比如$|x|=2$中x的几何意义是数轴上到原点距离等于2的两个点,$\sqrt{2}$可以看作是边长为1的正方形的对角线的长度,可以把面积为定值的长方形的长、宽的变化规律作为反比例函数的一个几何模型等;(3)重视函数的思想方法,用函数的观点研究方程与不等式的相关问题,注重函数的图象是培养直观想象的一条重要途径;(4)面对问题,要让学生养成画图的习惯,主动利用图形去描述和分析问题,借助几何直观把复杂问题简明化、形象化;(5)几何直观是以"形"的直观呈现问题的各种信息,借助"形"的直观理解抽象的"数",依托"形"的直观产生对数量关系及事物其他本质属性的感知.

对于动态几何,通过信息技术的演示或者实物的操作,让学生感悟图形轴对称、旋转、平移变化的基本特征,知道变化的感知是需要参照物的,可以借助参照物述说变化的基本特征.在变化的过程中,不仅有助于理解几何学的本质,还能发现自然界的对称之美,感悟图形有规律变化产生的美.

衔接要点

初中阶段,我们知道n边形的内角和为$(n-2)\times 180°$,n边形的外角和随着边数n的变化是不变的(见题1),定圆中半径的位置在变化,相关条件下的线段之间可能存在不变的关系(见题4),在变化的过程中寻找不变性,是我们初高中衔接的重要的数学方法;一次函数的因变量随着自变量的变化呈线性变化,二次函数的自变量与因变量之间的关系不再是简单的比例关系,而是通过自变量的平方项来建立联系,若对二次函数求导,可以将自变量与因变量之间的关系转化为线性变化,导数是高中要学习的内容,因此,我们可以进行简单的衔接(见题2);一次函数$y=kx+b(k\neq 0)$的图象的倾斜程度随着k的变化而变化,通过几何画板或者GGB软件演示可以看到,某些含参的一次函数图象随着参数的变化可能会绕某个定点旋转,求该定点的方法是初高中必须掌握的(见题3).

1.凸n边形的外角和等于( ).

A.180°　　　　　B.360°　　　　　C.$(n-2)\times 180°$　　　　　D.$(n-2)\times 360°$

【解析】

根据外角和的定义得:凸n边形的外角和等于360°.

2. 用列表法画二次函数 $y=x^2+bx+c$ 的图象时,先列一个表,当表中自变量 x 的值以相等间隔的值增加时,函数 y 所对应的值依次为 $20,56,110,182,274,380,506,650$. 其中有一个值不正确,这个不正确的值是( ).

A. 506   B. 380   C. 274   D. 182

【解析】

设相邻的两个自变量的值为 x_1,x_2,代入 $y=x^2+bx+c$,计算差值为:
$y_1-y_2=(x_1^2-x_2^2)+b(x_1-x_2)=(x_1-x_2)(x_1+x_2+b)$,因此函数值之间的差值的间隔是相等的(如图 6-1 所示),即含有公因数 x_1-x_2,计算各个差值为 $56-20=36,110-56=54,182-110=72,274-182=92,36,54,72$ 的差值都是 18,故 274 错误.

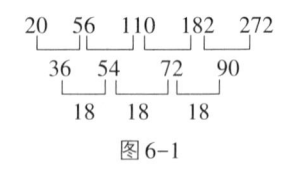

$$\underbrace{20 \quad \underbrace{56 \quad \underbrace{110 \quad \underbrace{182 \quad 272}_{90}}_{72}}_{54}}_{36}$$
$$\underbrace{\quad 18 \quad \quad 18 \quad \quad 18}$$

图 6-1

故选:C.

3. 不论 a 取何值,直线 $y=ax-a$ 都经过定点_____.

【解析】

∵ $y=a(x-1)$,

∴ 当 $x=1$ 时,$y=0$,与 a 无关,

∴ 直线过定点 $(1,0)$.

4. 如图 6-2 所示,OA,OB 是半径为 1 的单位圆 O 的任意两个半径,过点 B 作 $BE \perp OA$ 于点 E,作 $EP \perp AB$ 于点 P,则定值 OP^2+EP^2 为_____.

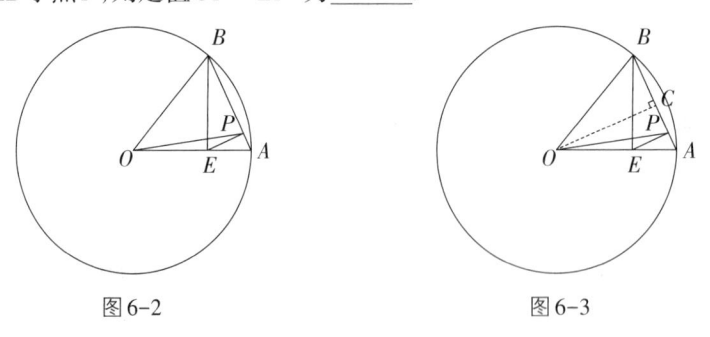

图 6-2　　　图 6-3

【解析】

如图 6-3 所示,作 $OC \perp AB$,则有 $AC=CB,OP^2=OC^2+CP^2,EP^2=AP \cdot PB$,

∴ $OP^2+EP^2=OC^2+CP^2+(AC-CP)\cdot(BC+CP)=OC^2+CP^2+AC^2-CP^2=OC^2+AC^2=OA^2=r^2=1$.

问题探究

在衔接要点的探究中,我们可以求某些含参的一次函数的图象所经过的定点坐标,那么另一个定点到该直线的距离是否存在最值呢?若存在,参数的具体值是多少呢?若含参的二次函数与 x 轴有两个交点,则交点间的距离可能为定值吗?随着参数的变化,该二次函数的图象在变化的过程中有什么特征呢?刚刚探究过的含参一次函数的图象会经过定点,那么在平面几何中,随着动点的变化,图形也会经过定点吗?当过点 P 的直线和定圆有两个交点,这两个交点和点 P 构成的线段之间的数量关系会随着点 P 的位置变化而变化吗?下面我们一起来探究吧!

问题 ①

设一次函数 $y=(a+1)x-2a-1$ 的图象为直线 l,其中 a 为参数.

(1) 证明:不论 a 取何值,直线 l 恒经过一个定点;

(2) 当原点到直线 l 的距离最大时,求此时 a 的值.

【解析】

(1) 证明:$y=(a+1)x-2a-1=ax+x-2a-1=(x-2)a+x-1$,令 $\begin{cases} x-2=0, \\ x-y-1=0, \end{cases}$ 解得 $\begin{cases} x=2, \\ y=1, \end{cases}$

所以不论 a 取何值,直线 l 恒经过一个定点 $A(2,1)$;

(2) ∵ 直线 l 恒经过一个定点 $A(2,1)$,

∴ 原点到直线的距离小于等于原点到定点 $(2,1)$ 的距离,当且仅当 $OA \perp l$ 时取等.

如图 6-4 所示,此时直线的斜率 k_{OA} 与 k_l 的乘积为 -1,此时 l_{OA} 为 $y=\frac{1}{2}x$,则直线 l 的方程为 $y=-2x+5$,

∴ $a=-3$.

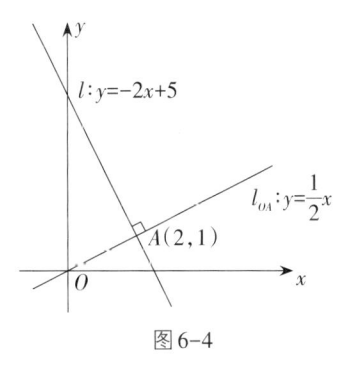

图 6-4

问题 ②

设二次函数 $y=ax^2-2x-a+\dfrac{1}{a}$ 的图象为抛物线 C,其中 a 为参数.

(1) 证明:不论 a 取何值,抛物线 C 与 x 轴都有两个交点,且两交点间的距离为定值;

(2) 当 a 变化时,抛物线 C 的顶点在一条确定的曲线上运动,求这条曲线对应的函数解析式.

【解析】

(1) 证明：令 $y=0$, $ax^2-2x-a+\dfrac{1}{a}=0$, ($a\neq 0$),

$\because \Delta=(-2)^2-4a\left(-a+\dfrac{1}{a}\right)=4+4a^2-4=4a^2>0$,

设 x_1, x_2 为 $ax^2-2x-a+\dfrac{1}{a}=0$ 的两根，不妨设 $x_1<x_2$,

则 $x_1+x_2=\dfrac{-2}{-a}=\dfrac{2}{a}$, $x_1\cdot x_2=\dfrac{-a+\dfrac{1}{a}}{a}=-1+\dfrac{1}{a^2}$,

又 $\because |x_2-x_1|=\sqrt{(x_2-x_1)^2}=\sqrt{(x_1+x_2)^2-4x_1x_2}=\sqrt{\dfrac{4}{a^2}-4\left(-1+\dfrac{1}{a^2}\right)}=\sqrt{4}=2$,

$\therefore$ 不论 a 取何值，抛物线 C 与 x 轴都有两个交点，且两交点间的距离为定值，等于 2.

(2) 解：原解析式可整理为 $y=a\left(x-\dfrac{1}{a}\right)^2-a$,

$\therefore$ 函数顶点坐标为 $\left(\dfrac{1}{a}, -a\right)$, 令 $x=\dfrac{1}{a}, y=-a$, $\therefore y=-\dfrac{1}{x}$,

$\therefore$ 这条曲线对应的函数解析式 $y=-\dfrac{1}{x}$, 如图 6-5 所示.

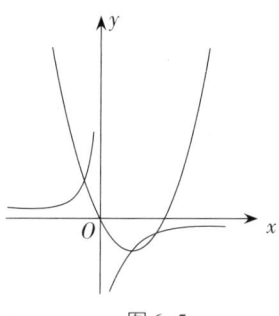

图 6-5

问题 ③

如图 6-6 所示，已知 C 为定线段 AB 外一动点，分别以 AC, BC 为边在 $\triangle ABC$ 外作正方形 $CADF$、正方形 $CBEG$. 求证：不论点 C 的位置在 AB 的同侧怎样变化，线段 DE 的中点 M 为定点.

图 6-6

【解析】

证明：如图 6-7 所示，过点 D, C, M, E 分别作 AB 的垂线，垂足分别为 D', C', M', E'.

容易证明：$\triangle ADD'\cong \triangle CAC'$, $\therefore DD'=AC'$,

同理 $EE'=BC'$. $\therefore MM'=\dfrac{DD'+EE'}{2}=\dfrac{AB}{2}$.

又 $\because AD'=CC'=BE'$, M' 是 $D'E'$ 的中点，

$\therefore M'$ 是 AB 的中点，

从而线段 DE 的中点 M 为定点，

$\therefore$ 不论点 C 的位置在 AB 的同侧怎样变化，线段 DE 的中点 M 为定点 (是以 AB 为斜边的等腰直角三角形的顶点).

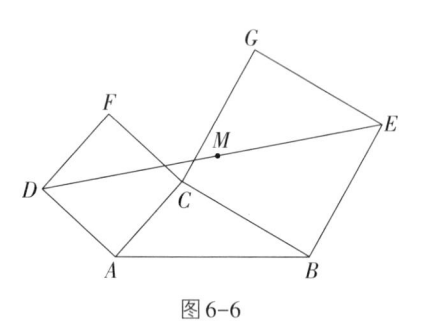

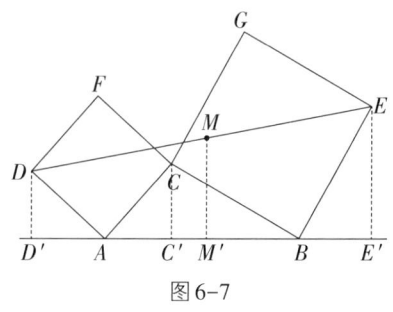

图 6-7

问题 ④

已知定圆 O 和定点 P，过点 P 任意作直线 l 与圆 O 相交于 A,B 两点．证明：$PA \cdot PB$ 为定值．

【解析】

证明：设定圆 O 半径为 r，$OP=d$，分三种情况讨论．

①当定点 P 在定圆 O 内部，此时 $r>d$，若 AB 为直径，则 $PA \cdot PB = (r+d) \cdot (r-d) = r^2 - d^2$，若 AB 不为直径，如图 6-8，作过点 P 的直径 CD，连接 AC, BD，可得 $\triangle APC \sim \triangle DPB$，

所以 $PA \cdot PB = PC \cdot PD = (r+d) \cdot (r-d) = r^2 - d^2$．

②当定点 P 在定圆 O 圆周上，此时 $r=d$，不妨设 P 与 B 重合，如图 6-9 作过 P 的直径 PC，所以 $PA \cdot PB = 0 = r^2 - d^2$．

③当定点 P 在定圆 O 外部，此时 $r<d$，若 AB 为直径，则 $PA \cdot PB = (r+d) \cdot (d-r) = d^2 - r^2$；若 AB 不为直径，如图 6-10，作过点 P 和 O 的直线 CD，交圆 O 于 C,D 两点，连接 AC，BD，可得 $\triangle APC \sim \triangle DPB$，所以 $PA \cdot PB = PC \cdot PD = (r+d) \cdot (d-r) = d^2 - r^2$．

综上所述，$PA \cdot PB$ 为定值．

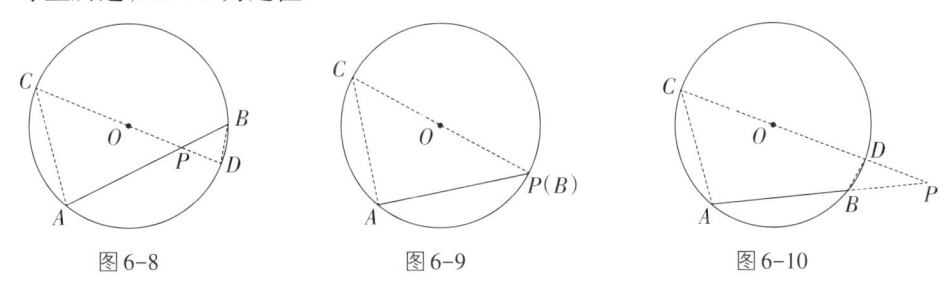

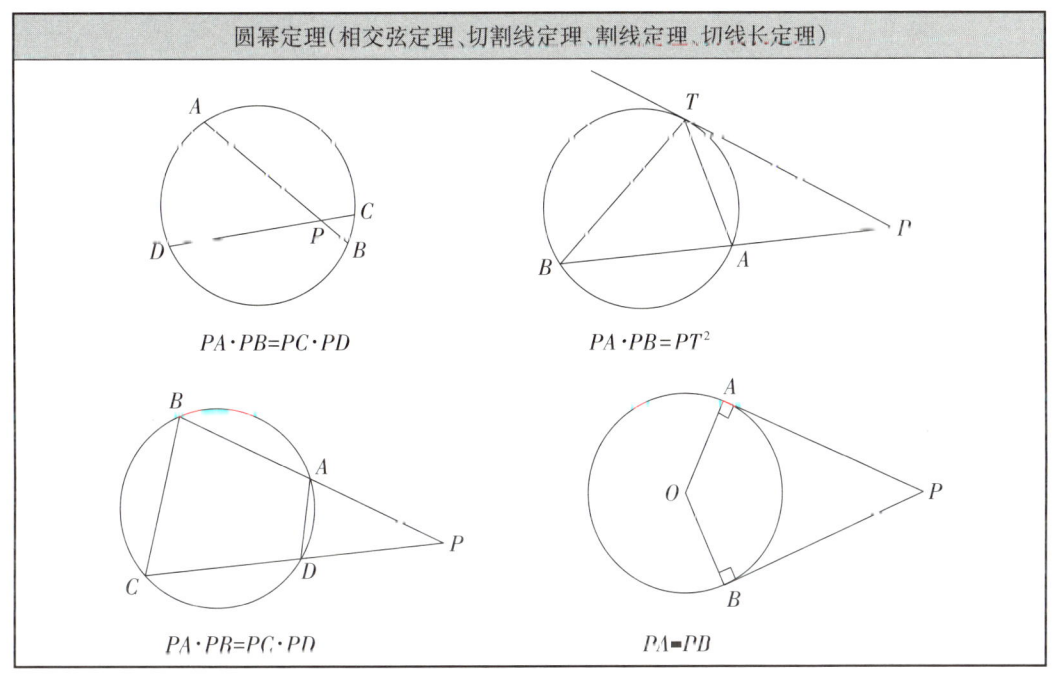

图 6-8　　　　图 6-9　　　　图 6-10

圆幂定理（相交弦定理、切割线定理、割线定理、切线长定理）

$PA \cdot PB = PC \cdot PD$

$PA \cdot PB = PT^2$

$PA \cdot PB = PC \cdot PD$

$PA = PB$

拓展应用

1. $\sin^2 18° + \sin^2 72°$ 等于( ).

A. $\dfrac{1}{2}$ B. $\dfrac{\sqrt{2}}{2}$ C. $\dfrac{\sqrt{3}}{2}$ D.1

2. 反比例函数 $y=\dfrac{k}{x}$ 的图象既是中心对称图形又是轴对称图形,其对称轴共有( ).

A.1条 B.2条 C.3条 D.4条

3. 已知⊙O的弦AB经过弦CD的中点P,若$AP=2$ cm,$CD=6$ cm,则线段PB的长是_____.

4. 已知 $abc\neq 0$,且 $\dfrac{c}{a+b}=\dfrac{a}{b+c}=\dfrac{b}{c+a}=\dfrac{1}{2p}$,那么一次函数 $y=px-p$ 的图象一定通过第____象限.

5. 设直线 $l:y=kx+1$ 与抛物线 $C:y=\dfrac{x^2}{4}$ 相交于 A,B 两点.

(1) 求 A,B 两点的坐标;

(2) 证明:不论 k 取何值,以线段 AB 为直径的圆都与直线 $y=-1$ 相切.

6. 如图6-11,已知△ABC的两边AB,AC的中点分别为点M,N,P为MN上的任一点,BP,CP的延长线分别交AC,AB于点D,E.求证: $\dfrac{AD}{DC}+\dfrac{AE}{EB}$ 为定值.

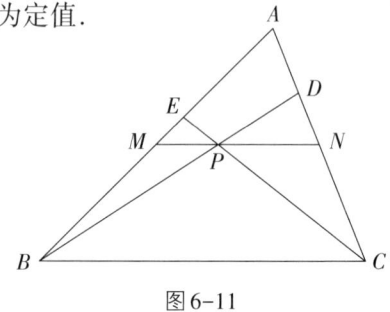

图6-11

第七讲 平面图形的折叠与空间图形的展开

《义务课程标准》指出：学生通过丰富的实例，了解中心投影和平行投影的概念；会画直棱柱、圆柱、圆锥、球的主视图、左视图、俯视图，能判断简单物体的视图，并会根据视图描述简单的几何体；了解直棱柱、圆锥的侧面展开图，能根据展开图想象和制作模型；通过实例，了解上述视图与展开图在现实生活中的应用.

《高中课程标准》指出：利用实物、计算机软件等观察空间图形，认识柱、锥、台、球及简单组合体的结构特征，能运用这些特征描述现实生活中简单物体的结构；知道球、棱柱、棱锥、棱台的表面积和体积的计算公式，能用公式解决简单的实际问题；能用斜二测法画出简单空间图形（长方体、球、圆柱、圆锥、棱柱及其简单组合）的直观图；借助长方体，在直观认识空间点、直线、平面的位置关系的基础上，抽象出空间点、直线、平面的位置关系的定义，了解基本事实和定理；从定义和基本事实出发，借助长方体，通过直观感知，了解空间中直线与直线、直线与平面、平面与平面的平行和垂直的关系，归纳出性质定理和判定定理.

由两个课程标准可以看出，立体几何研究现实世界中物体的形状、大小与位置关系.初中阶段学习的内容主要体现在经历从不同的角度观察立体图形的过程，知道简单立体图形的侧面展开图.高中阶段的学习可以帮助学生以长方体为载体，认识和理解空间点、直线、平面的位置关系；用数学语言表述有关平行、垂直的性质与判定，并对某些结论进行论证；了解一些简单几何体的表面积与体积的计算方法；运用直观感知、操作确认、推理论证、度量计算等认识和探索空间图形的性质，建立空间观念.

因此，平面图形与立体图形的初高中衔接主要是平面图形折叠成立体图形、立体图形展开成平面图形.解答展开、折叠问题的关键在于画好展开、折叠前后的平面图形与立体图形，并弄清展开、折叠前后哪些发生了变化，哪些没有发生变化，这些都是我们分析、解决问题的依据.展开、折叠互为逆向思维.在整个过程中，学生要能够根据物体特征抽象成几何图形，根据几何图形想象出所描述的实际物体，要能想象并表达物体空间方位和相互之间的位置关系,感知并描述图形的运动和变化规律.学生应遵循从整体到局部、从具体到抽象的原则,通过丰富的实物模型或利用计算机软件呈现空间几何体,认识空间几何体的结构特征,掌握在平面上表示空间图形的方法和技能,逐步形成空间观念.

衔接要点

初中阶段,直棱柱的展开是常见考点,展开到折叠,是平面图形到立体图形的重要衔接点,在平面图形的折叠过程中,折痕的位置和方向、各个部分之间是否能够完全贴合是折叠的关键(见题1);画几何体的三视图,是从立体到平面的思维的转变,而在不画图的情况下,由三视图来判定几何体的构成,是培养学生空间观念的重要途径(见题2);在空间立体几何相关概念如点、线、面、体的基础上进行思考和操作,是高中必备知识,立体几何展开时,线和面之间的关联是该必备知识的前提(见题3);初中阶段,平面几何中的路径问题训练较多,面对立体几何中的路径问题,将三维空间图形转化为二维平面图形后再进行求解是初高中衔接的重要方法(见题4).

1. 下列图形经过折叠不能围成三棱柱的是(　　).

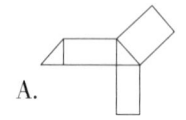

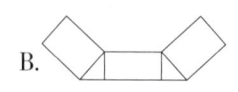

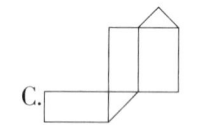

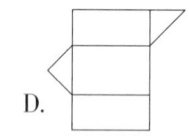

A.　　B.　　C.　　D.

【解析】

判断一个平面展开图是否能折叠成一个棱柱,应从两个条件入手:

①"底面的边数"是否等于"侧面的个数";

②棱柱的两个底面是否分别在侧面展开图的两侧.

若两个条件都满足,则该平面展开图可折叠成一个棱柱;若有一个条件不满足,则该平面展开图不能折叠成一个棱柱.

由题意知,　　不能折成三棱柱,故选:B.

2. 如图7-1,是由一些大小相同的小正方体搭成的几何体的主视图和俯视图,则搭成该几何体的小正方体最多有_____个.

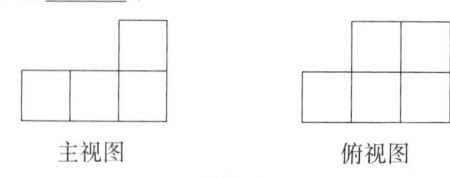

主视图　　俯视图

图7-1

【解析】

根据题意得：

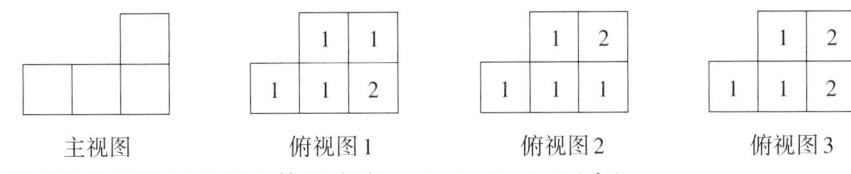

主视图　　俯视图1　　俯视图2　　俯视图3

则搭成该几何体的小正方体最多有 1+1+1+2+2=7(个).

3. 如图 7-2,是一个切去了一个角的正方体纸盒,切面与棱的交点 A,B,C 均是棱的中点,现将纸盒剪开展成平面,则展开图不可能是(　　).

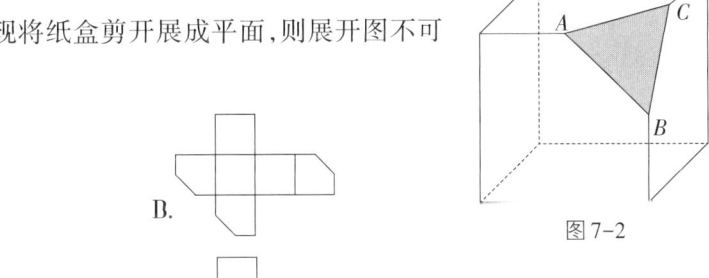

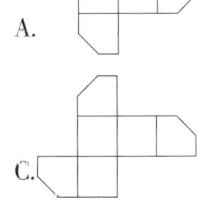

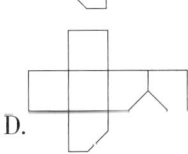

A.　　B.　　C.　　D.

图 7-2

【解析】

将 A,B,C,D 选项分别补全得到如下图所示的展开图：

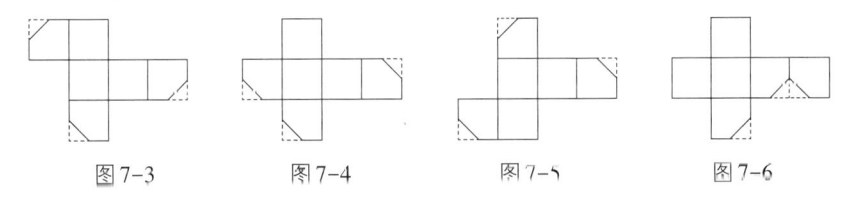

图 7-3　　图 7-4　　图 7-5　　图 7-6

其中选项 A,C,D 折叠后都符合题意,只有选项 B 折叠后两个剪去三角形与另一个剪去的三角形不交于一个顶点,与正方体三个剪去的三角形交于一个顶点不符.

故选:B.

4. 如图 7-7,圆柱形玻璃杯高为 5 cm,底面周长为 12 cm,在杯内壁底的点 B 处有一滴蜂蜜,此时一只蚂蚁正好在杯外壁,离杯上沿 3 cm 与蜂蜜相对的点 A 处,则蚂蚁从外壁 A 处到内壁 B 处的最短距离是_____(杯壁厚度不计).

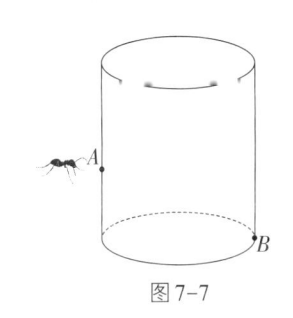

图 7-7

【解析】

如图7-8,将杯子侧面展开,作点A关于EF的对称点A',连接$A'B$,则$A'B$即为最短距离,在$Rt\triangle A'DB$中,由勾股定理得$A'B = \sqrt{A'D^2 + DB^2} = \sqrt{(5+3)^2 + 6^2} = 10(cm)$.

即蚂蚁从外壁A处到内壁B处的最短距离是$10\ cm$.

故答案为:$10\ cm$.

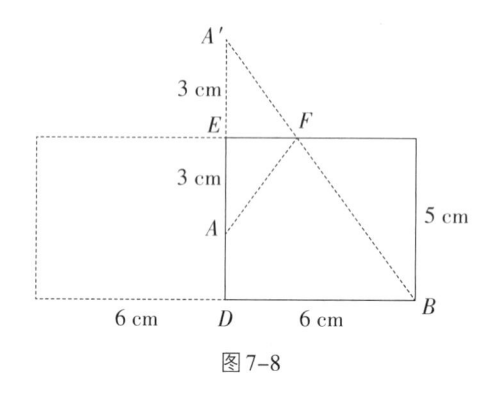

图 7-8

问题探究

在衔接要点的探究中,我们可以看到折叠和展开本质上是一种对偶关系,即由平面图形到立体图形、由立体图形到平面图形.将一张正方形的纸片折叠成无盖的长方体,该长方体的容积有最大值吗? 前者是将正方形纸片折叠成直四棱柱(长方体),那如何将正三角形纸片折叠成直三棱柱或者将正五边形的纸片折叠成直五棱柱呢? 正方体上的一个顶点到与其不共面的另一个顶点的距离的最小值是唯一的,当正方体变为长方体,此距离还是唯一的吗? 同时,从圆柱底面的圆周上的某点绕n圈后到过该点的母线与另一个底面的交点的最短距离又是如何求的呢? 下面我们一起来探究吧!

问题 ①

如图7-9,用一张正方形的纸按如下方式制成一个无盖的长方体盒子,设这张正方形纸片的边长为a,所制成的无盖长方体盒子的高为x,当无盖的长方体的容积最大时,a和x之间应该具有什么样的关系呢?

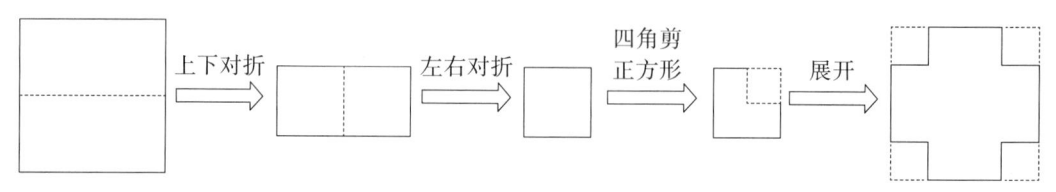

图 7-9

【解析】

由题知剪去的小正方形的边长为 x cm,设长方体的容积为 V cm³,

依题可得 $V=x(a-2x)^2=\dfrac{1}{4}\cdot 4x\cdot(a-2x)(a-2x)\leqslant \dfrac{1}{4}\left[\dfrac{4x+(a-2x)+(a-2x)}{3}\right]^3=\dfrac{2}{27}a^3$,

所以当 $4x=a-2x$,即 $x=\dfrac{1}{6}a$ 时,$V_{\max}=\dfrac{2}{27}a^3$.

均值不等式
①任意非负实数 a,b,满足 $\sqrt{ab}\leqslant\dfrac{a+b}{2}$,当且仅当 $a=b$ 时取等.
②任意非负实数 a,b,c,满足 $\sqrt[3]{abc}\leqslant\dfrac{a+b+c}{3}$,当且仅当 $a=b=c$ 时取等.

问题 ❷

下面给出的正多边形的边长都是 20 cm,请分别按下列要求设计一种方法把原多边形剪拼成直棱柱,用虚线表示折叠的线段,用粗黑实线表示剪拼的线段,在图中标注出必要的符号和数据,并作简要说明.

(1)将图 7-10 中的正方形纸片剪拼成一个底面是正方形的直四棱柱,使它的表面积与原正方形面积相等;

(2)将图 7-11 中的正三角形纸片剪拼成一个底面是正三角形的直三棱柱,使它的表面积与原正三角形的面积相等;

(3)将图 7-12 中的正五边形纸片剪拼成一个底面是正五边形的直五棱柱,使它的表面积与原正五边形的面积相等.

图 7-10 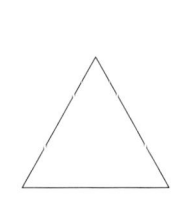　　　　图 7-11 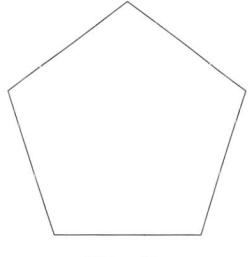　　　　图 7-12

【解析】

(1)如图 7-13,沿粗黑实线剪开,把剪下的四个小正方形拼成一个正方形,恰好拼成这个直棱柱的上底面,再沿虚线折叠即可,即 $4\times5\times5=100$(cm²),$(20-5\times2)^2=100$(cm²);

(2)如图 7-14,沿粗黑实线剪开,把剪下的三个四边形拼成一个正三角形,恰好拼成这个直棱柱的上底面,再沿虚线折叠即可;

(3)如图 7-15,沿粗黑实线剪开,把剪下的五部分拼成一个正五边形,恰好拼成这个直棱柱的上底面,再沿虚线折叠即可.

图 7-13 　　　　　图 7-14　　　　　　　图 7-15

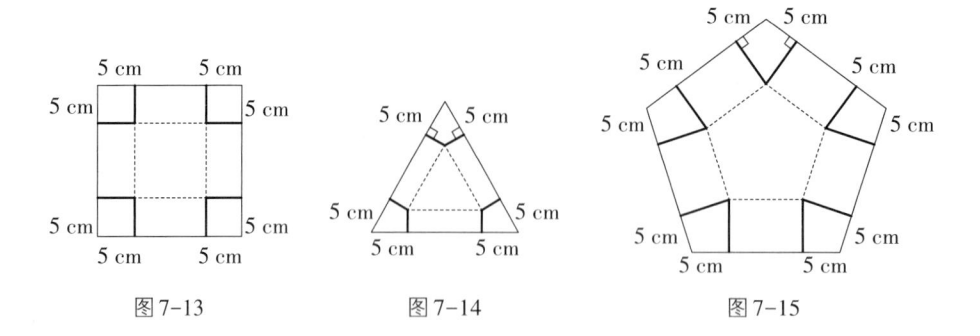

问题 ❸

如图 7-16，在长方体 $ABCD-A_1B_1C_1D_1$ 中，$AB=3$，$BC=2$，$BB_1=1$，求由 A 到 C_1 在长方体表面上的最短距离．

【解析】

长方体 $ABCD-A_1B_1C_1D_1$ 的表面可有三种不同的方法展开，如图所示．

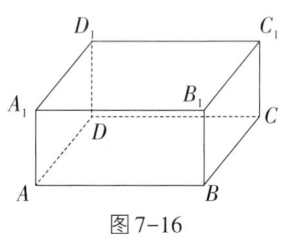

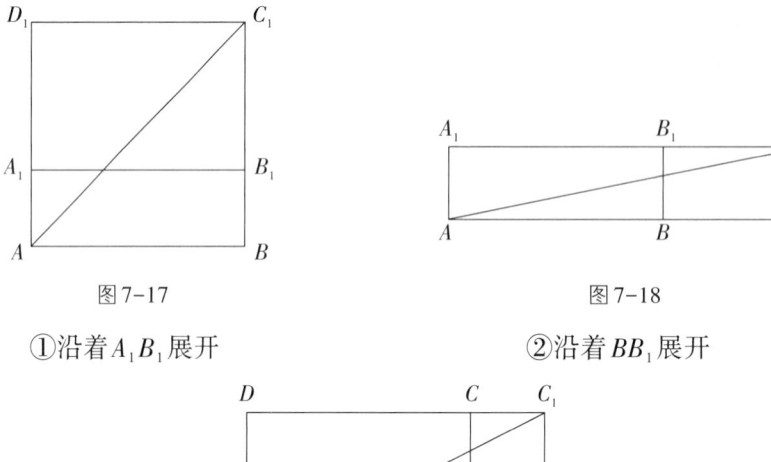

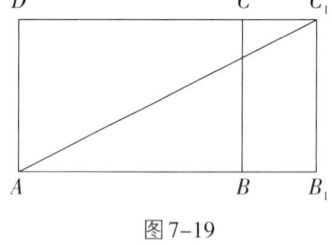

图 7-17　　　　　　　　图 7-18

①沿着 A_1B_1 展开　　　　　　　②沿着 BB_1 展开

图 7-19

③沿着 BC 展开

$AB=3$，$BC=2$，$BB_1=1$．

依图 7-17 展开，$AC_1=\sqrt{(1+2)^2+3^2}=3\sqrt{2}$．

依图 7-18 展开，$AC_1=\sqrt{(3+2)^2+1^2}=\sqrt{26}$．

依图 7-19 展开，$AC_1=\sqrt{(3+1)^2+2^2}=2\sqrt{5}$．

三者比较,得点A沿长方体表面到C_1的最短距离为$3\sqrt{2}$.

故答案为:$3\sqrt{2}$.

问题 ❹

如图7-20,已知圆柱底面半径为r,SA是它的一条母线,长为l,求从A点出发绕圆柱n周到达S点的最短距离.

【解析】

(1)如图7-21,当$n=1$时,即求从A点出发绕圆柱一周到达S点的最短距离.

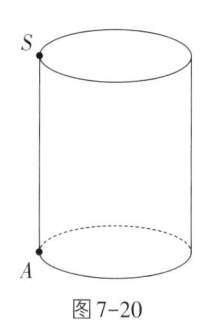

作圆柱侧面展开图$ASS'A'$,在展开图中连接AS',$\because AA'=2\pi r$,

则所求最短距离是$AS'=\sqrt{l^2+4\pi^2 r^2}$.

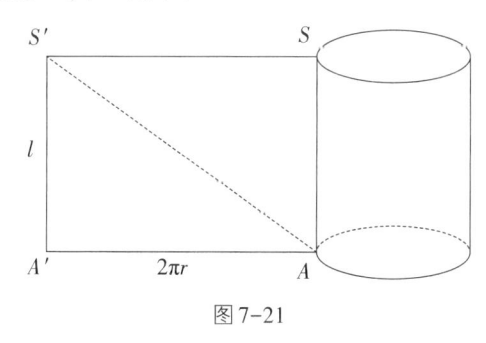

图7-21

(2)如图7-22,当$n=2$时,即求从A点出发绕圆柱两周到达S点的最短距离.

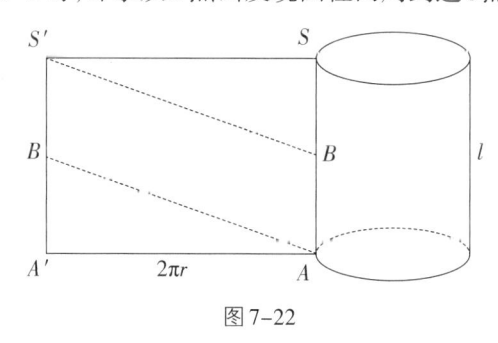

图7-22

即可以看作:

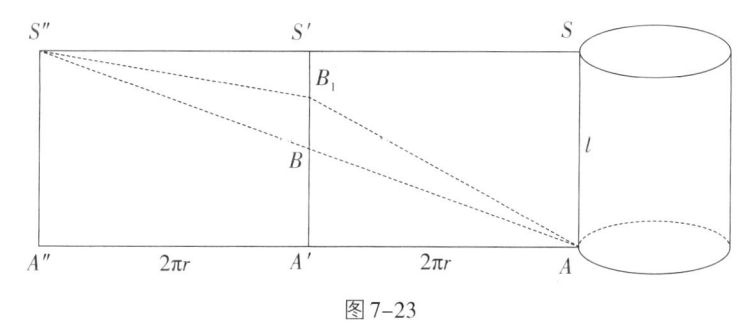

图7-23

设点 B 为 $S'A'$ 中点,则绕线在圆柱面的路径有如下 2 种:

①由点 A 到点 B 再到点 S'';②由点 A 到点 B_1 再到点 S''.(其中 B_1 是 SA 上异于 B 的点).

又 $\because$ 在 $\triangle B_1S''A$ 中,$S''B_1+AB_1 \geqslant AS''=AB+S''B$(当且仅当 B_1 与 B 重合时取等号),

$\therefore AB+S''B$ 最短,即绕两圈时,第一圈过 AS 中点的绕法距离最短.

则所求最短距离是 $AS''=2\sqrt{\left(\dfrac{l}{2}\right)^2+4\pi^2 r^2}=\sqrt{l^2+16\pi^2 r^2}$.

(3)如图 7-24,仿上面的证明可得一般结论:当绕圆柱 n 周时需过 SA 的 n 等分点 $B_1,B_2,B_3,\cdots,B_{n-1}$,

$\therefore$ 绕圆柱 n 周的最短距离是 $n\sqrt{\left(\dfrac{l}{n}\right)^2+(2\pi r)^2}=\sqrt{l^2+4\pi^2 n^2 r^2}$,

即从 A 点出发绕圆柱 n 周到达 S 点的最短路程为 $\sqrt{l^2+4\pi^2 n^2 r^2}$.

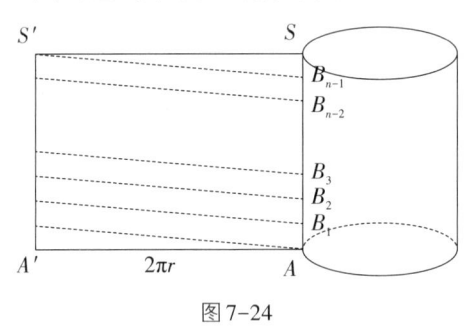

图 7-24

拓展应用

1.如图 7-25,如果点 C 是圆锥母线 SA 的中点,在 A 处有一只蜗牛,在 C 处恰好有蜗牛想吃的食物,但它又不能直接沿 AC 爬到 C 处,只能沿此立体图形的侧面绕一周爬到 C 处,若圆锥母线 SA 长为 20,底面半径长为 5,则蜗牛爬行的最短路程为_____.

2.如图 7-26,将其围成一个正方体,这个正方体应是(   ).

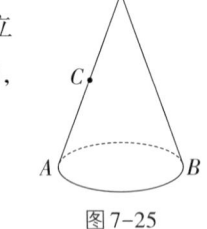

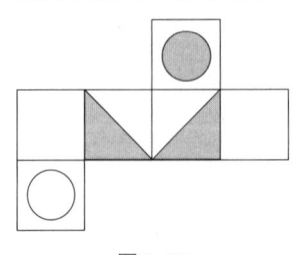

图 7-25

图 7-26

A. 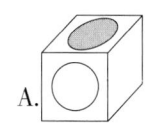　　　　　　B. 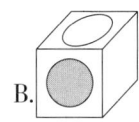　　　　　　C. 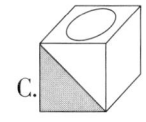　　　　　　D.

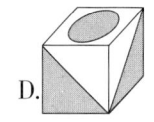

3. 有堆放在一起的5个同样的正方体木块,其俯视图如图7-27所示,则左视图的可能情况共有(　　)种.

A.4　　　　　B.3　　　　　C.2　　　　　D.1

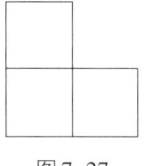

图7-27

4. 若正方体表面上画如图7-28所示的线段,请你在展开图7-29上标出对应的其他两条线段.

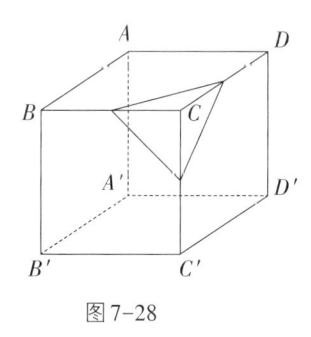

图7-28 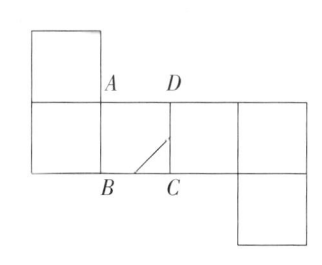　　　　　　图7-29

5. 十八世纪瑞士数学家欧拉证明了简单多面体中顶点数(V)、面数(F)、棱数(E)之间存在的一个有趣的关系式,被称为欧拉公式.请你观察下列几种简单多面体模型,解答下列问题:

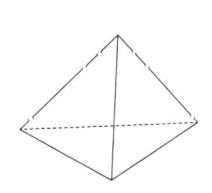

四面体 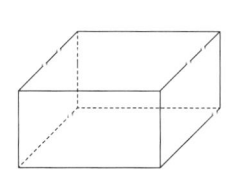　　　长方体 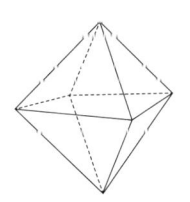　　　正八面体 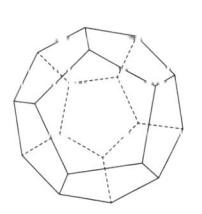　　　正十二面体

(1)根据上面多面体的模型,完成表格中的空格:

多面体	顶点数(V)	面数(F)	棱数(E)
四面体	4	4	
长方体	8	6	12
正八面体		8	12

你发现顶点数(V)、面数(F)、棱数(E)之间存在的关系式是_____;

（2）一个正多面体的面数比顶点数大8，且有30条棱，则这个多面体的面数是_____；

（3）某个玻璃饰品的外形是简单的多面体，它的外表面是由三角形和八边形两种多边形拼接而成，且有24个顶点，每个顶点处都有3条棱，设该多面体表面三角形的个数为x个，八边形的个数为y个，求$x+y$的值.

6.问题1中的制作方式有材料损耗，如果材料全部利用，用一张正方形的纸制成一个无盖的长方体形盒子，设这张正方形纸片的边长为a，那么长方体的长、宽、高分别为多少时，无盖长方体的体积最大？最大为多少？

7.一个长方体纸盒的长、宽、高分别是$a,b,c(a>b>c)$厘米，如图7-30.将它展开成平面图，那么这个平面图的周长最小是多少厘米？最大是多少厘米？

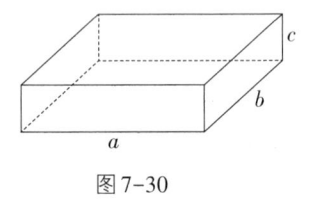

图7-30

第八讲 三角形的"四心"及其应用

《义务课程标准》指出：了解三角形重心的概念；了解三角形的内心与外心；能用尺规作图，过不在同一直线上的三点作圆，作三角形的外接圆、内切圆.

《高中课程标准》指出：会用向量方法解决简单的平面几何问题、力学问题以及其他实际问题，体会向量在解决数学和实际问题中的作用；借助向量的运算，探究三角形边长与角度的关系.

由两个课程标准可以看出，三角形是初中平面几何的一个重要的基本几何模型，对三角形的重心、内心与外心仅限于了解，没有提到垂心.在高中阶段，"四心"只是一个载体，重要的是以它展开的研究问题的方法，即用向量的方法进行解答，而平面向量在高中数学新教材独立成章，其重要性不言而喻，而且向量具有几何上的"形"与代数上的"数"的特点，易于数形结合.三角形"四心"是与三角形有关的一些特殊点，利用定义，比较容易得到三角形"四心"的向量表示，然后将向量作为"载体"，把几何问题转化为向量代数运算问题，最后将运算的结果还原为几何关系.

学生对"四心"的学习主要在两个方面存在较大问题：一是基本概念混淆，不理解"四心"的来历而对"四心"的基本概念没有足够清晰的认知，常常在遇到具体问题时将四者混淆；二是不能灵活地将"四心"的性质与新知识结合起来.虽然清楚"四心"的基本概念和性质，但不能灵活地将其与问题背景知识（如向量）结合起来.因此，在初高中内容衔接上，注重学生在深入理解"四心"概念的基础上灵活运用其性质进行转化和化归.同时，"四心"的性质在初高中主要体现如下：

三角形的重心是指三角形三条中线的交点，重心的性质有：(1)重心到顶点的距离与重心到对边中点的距离之比是$2:1$；(2)若点O是$\triangle ABC$的重心，则$\overrightarrow{OA}+\overrightarrow{OB}+\overrightarrow{OC}=\vec{0}$；(3)重心与三角形任意一顶点的连线所在的直线将三角形面积平分.

三角形的外心是三角形三边的垂直平分线的交点，即三角形外接圆的圆心，外心的性质

有:(1)若 O 为三角形 ABC 的外心,则 $|\overrightarrow{OA}|=|\overrightarrow{OB}|=|\overrightarrow{OC}|$;(2)$\overrightarrow{OA}\sin 2A+\overrightarrow{OB}\sin 2B+\overrightarrow{OC}\sin 2C=\vec{0}$;(3)$\angle BOC=2\angle BAC$,$\angle AOB=2\angle ACB$,$\angle COA=2\angle CBA$;(4)三角形三条边的垂直平分线交于一点.

三角形的内心是三角形三条内角平分线的交点,即三角形内切圆的圆心,内心的性质有:(1)三角形的三条角平分线必交于一点;(2)三角形的内心到三边的距离相等,都等于内切圆的半径;(3)$\angle BOC=90°+\frac{1}{2}\angle A$,$\angle BOA=90°+\frac{1}{2}\angle C$,$\angle AOC=90°+\frac{1}{2}\angle B$;(4)若 O 为三角形 ABC 的内心,则 $a\overrightarrow{OA}+b\overrightarrow{OB}+c\overrightarrow{OC}=\vec{0}$.

三角形的垂心是三角形三条边上的高的交点,其性质有:(1)若点 O,H 分别为 $\triangle ABC$ 的外心和垂心,则 $\angle BAO=\angle HAC$,$\angle ABH=\angle OBC$,$\angle BCO=\angle HCA$;(2)$\overrightarrow{OA}\cdot\overrightarrow{OB}=\overrightarrow{OB}\cdot\overrightarrow{OC}=\overrightarrow{OC}\cdot\overrightarrow{OA}$.

衔接要点

初中阶段,学生了解了三角形重心的概念,但对其性质(即重心到顶点的距离与重心到对边中点的距离之比是 2:1)缺乏了解,而高中阶段需要灵活运用重心的性质,因此重心的性质及其应用是初高中衔接的重要内容(见题1);初中阶段没有介绍垂心的概念,而垂心的概念和性质在高中阶段非常重要,因此,让学生了解并熟悉垂心的性质及其应用尤为必要(见题2);"切线长定理"是圆的基本性质之一,初中阶段为选学内容,在高中阶段,需要更深入地研究圆周角、正弦、余弦和切线等内容,并加强代数技能和符号运算能力,此外,在高中阶段还需要掌握用向量法求解切线长度的方法,因此,在初高中衔接内容上,要以初中内容为基础,逐步引导学生深入理解并掌握切线长定理及其应用(见题3);波利亚曾经说过:"当你不能解决一个问题时,不妨回到定义去."这句话的意思是,如果我们在解决一个问题时,感到迷茫或者无从下手,就应该回到最基础的定义上去思考和探究."四心"的概念容易混淆,重视概念的理解是初高中衔接的重中之重(见题4).

1. 如图 8-1,设点 M 是 $\triangle ABC$ 的重心,且 $AM=3$,$BM=4$,$CM=5$,则 $\triangle ABC$ 的面积为____.

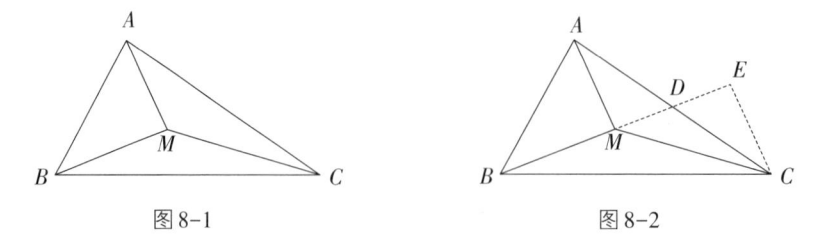

图 8-1

图 8-2

【解析】

如图 8-2,延长 BM 交 AC 于点 D,再延长 BD 至点 E,使 $DE=DM$,连接 CE,

∵ M 是 $\triangle ABC$ 的重心,∴ $AD=CD$,$MD=\dfrac{1}{2}BM$.

∵ $\angle ADM=\angle CDE$(对顶角相等),$DE=DM$,

∴ $\triangle AMD \cong \triangle CED$(SAS),∴ $AM=EC=3$.

∵ $DE=DM$,$MD=\dfrac{1}{2}BM$,∴ $BM=EM=4$.

在 $\triangle CME$ 中,$CM=5$,$ME=4$,$EC=3$,根据勾股定理可得 $\triangle CME$ 为直角三角形,

$S_{\triangle CME}=\dfrac{1}{2}\times 3\times 4=6$,由以上可证得 $S_{\triangle AMC}=S_{\triangle CME}$.

∵ 点 M 是 $\triangle ABC$ 的重心,

∴ $S_{\triangle ABC}=3S_{\triangle AMC}=18$.

2. 如图 8-3,已知在 $\triangle ABC$ 中,高 AD,BE 交于 H 点,$\angle ABD=45°$,$\angle ACD=75°$,连接 CH,则 $\dfrac{CH}{AB}=$ _____.

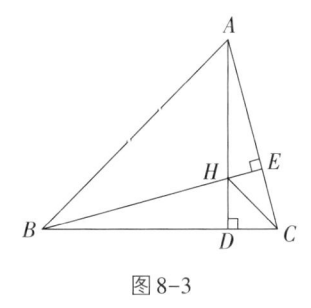

图 8-3

【解析】

如图 8-4,延长 CH 交 AB 于点 F,则 $CF \perp AB$ 于点 F.

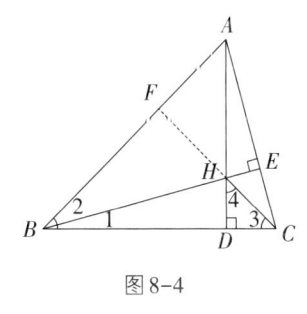

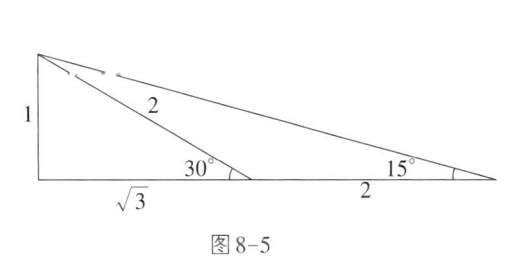

图 8-4　　　图 8-5

易证 $\triangle BDH \cong \triangle ADC$,设 $CD=DH=a$,$\angle CAD=90°-75°=15°$,由图 8-5 得,$BD=(\sqrt{3}+2)CD=(\sqrt{3}+2)a$,在 $\text{Rt}\triangle ABD$ 中,$AB=\sqrt{2}BD=\sqrt{2}\cdot(\sqrt{3}+2)a$,

∴ $\dfrac{CH}{AB}=\dfrac{\sqrt{2}a}{\sqrt{2}\cdot(\sqrt{3}+2)a}=2-\sqrt{3}$.

3. 如图8-6，已知△ABC的内切圆与AB相切于点D，∠C=60°，AD=a，BD=b，则$S_{\triangle ABC}=$ _____．

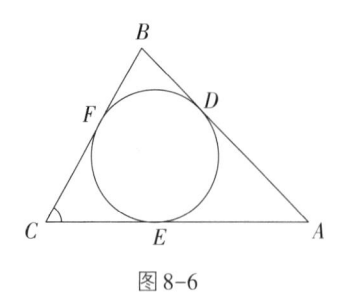

图8-6

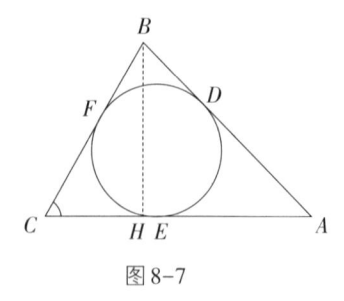

图8-7

【解析】

如图8-7，作BH⊥AC于点H．

∵△ABC的内切圆分别与AC，BC，AB相切于点E，F，D，设CE=x，

∴AE=AD=a，BF=BD=b，CF=CE=x．

∵∠C=60°，∠BHC=90°，∴$CH=\frac{b+x}{2}$，$BH=\frac{\sqrt{3}}{2}(b+x)$．

∵$BH^2=AB^2-AH^2=BC^2-CH^2$，∴$(a+b)^2-(a+x-\frac{b+x}{2})^2=(b+x)^2-\left[\frac{1}{2}(b+x)\right]^2$，整理得$x^2+bx+ax=3ab$，

∴$S_{\triangle ABC}=\frac{1}{2}(a+x)\cdot\frac{\sqrt{3}}{2}(b+x)=\frac{\sqrt{3}}{4}(x^2+ax+bx+ab)=\sqrt{3}ab$．

4. 如图8-8，在等腰△ABC中，AB=AC=13，BD=CD=5，点O为△ABC的外心，则OD= _____．

【解析】

如图8-8，∵△ABC为等腰三角形，

∴AD⊥BC，∴$AD=\sqrt{13^2-5^2}=12$．

连接OB，令OD=x，则OB=OA=AD-OD=12-x，∴$(12-x)^2=x^2+5^2$，

∴解得$x=\frac{119}{24}$．

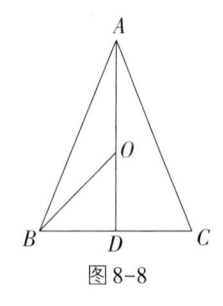

图8-8

问题探究

在衔接要点的探究中可以看到，"四心"的概念和性质尤为重要，为什么三角形重心到顶点的距离与重心到对边中点的距离之比是2∶1？为什么三角形的三条高线所在的直线交于一点？若三角形的内心和重心重合，该三角形又有什么特征呢？基于三角形外接圆，

可以得到三角形的边、内角和外接圆半径三者的数量关系(正弦定理),除此之外,还可以得到其他的数量关系吗?下面我们一起来探究吧!

问题 ❶

求证:三角形的三条中线交于一点,且被该交点分成的两段长度之比为2:1.

【解析】

已知:在△ABC中,三条中线AD,BF,CE交于点G,求证:AG=2DG,BG=2FG,CG=2EG.

证明:如图8-9,连接DF,设AD和BF交于G点,

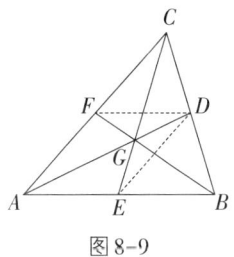

∵AD,BF,CE是△ABC的中线,

∴DF是△ABC的中位线,

∴AB=2DF,DF//AB,

$\therefore \dfrac{AG}{GD} = \dfrac{BG}{GF} = \dfrac{AB}{DF} = \dfrac{2}{1}$,

∴AG=2GD,BG=2GF.

设AD和CE相交于点G',连接DE,

同理可得CG'=2G'E,AG'=2G'D,即G和G'重合,

∴三角形的三条中线AD,BF,CE交于一点,且被该交点分成的两段长度之比为2:1.

问题 ❷

求证:三角形的三条高线所在直线交于一点.

【解析】

证法一:

运用同一法证三条高两两相交的交点是同一点.

已知:△ABC的两条高BE,CF相交于点O,第三条高AD交高BE于点Q,交高CF于点P.

求证:P,Q,O三点重合.

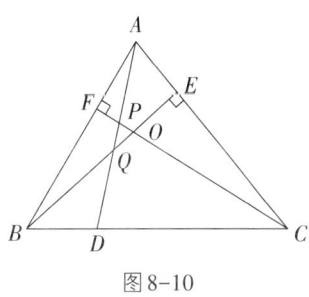

证明:如图8-10,∵BE⊥AC,CF⊥AB,

∴∠AEB=∠AFC=90°.

又∵∠BAE=∠CAF,

$\therefore \triangle ABE \sim \triangle ACF$,$\therefore \dfrac{AB}{AC} = \dfrac{AE}{AF}$,即AB·AF=AC·AE.

又∵AD⊥BC,

∴△AEQ∽△ADC,△AFP∽△ADB,

$\therefore \dfrac{AE}{AD} = \dfrac{AQ}{AC}$,$\dfrac{AF}{AD} = \dfrac{AP}{AB}$,即AC·AE=AD·AQ,AB·AF=AD·AP,

∴ $AD \cdot AQ = AD \cdot AP$, ∴ $AQ = AP$.

∵ 点 Q, P 都在线段 AD 上,

∴ 点 Q, P 重合, ∴ AD 与 BE, AD 与 CF 交于同一点.

∵ 两条不平行的直线只有一个交点, ∴ BE 与 CF 也交于此点, ∴ 点 Q, P, O 重合.

证法二:

用四点共圆性质,证明连接一顶点和两高交点的线垂直于第三边.

已知: $\triangle ABC$ 的两条高线为 AD, BE, 且 AD, BE 交于点 O.

求证: $CF \perp AB$.

证明: 如图 8-11, 连接 CO 延长交 AB 于点 F,

∵ $AD \perp BC$ 于点 D, $BE \perp AC$ 于点 E,

∴ A, B, D, E 四点共圆,

∴ $\angle 1 = \angle ABE$, 同理 $\angle 2 = \angle 1$,

∴ $\angle 2 = \angle ABE$.

∵ $\angle ABE + \angle BAC = 90°$,

∴ $\angle 2 + \angle BAC = 90°$, 即 $CF \perp AB$.

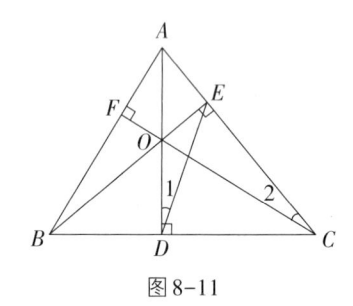

图 8-11

问题 ③

若三角形的内心和重心为同一点,求证:这个三角形为正三角形.

【解析】

已知: $\triangle ABC$ 的内心和重心为 O, 求证: $\triangle ABC$ 为正三角形.

证明: 如图 8-12, 不妨设点 O 是 $\triangle ABC$ 的重心,

连接 AO, 并延长 AO 交 BC 于点 D,

连接 BO, 并延长 BO 交 CA 于点 E,

连接 CO, 并延长 CO 交 AB 于点 F,

则 AD, BE, CF 分别是边 BC, CA, AB 上的中线,

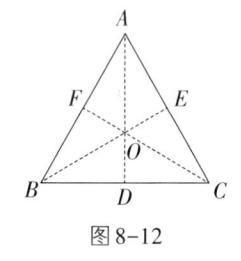

∴ $S_{\triangle ABD} = S_{\triangle ACD}$, $S_{\triangle OBD} = S_{\triangle OCD}$ (等底同高的三角形面积相等),

∴ $S_{\triangle ABD} - S_{\triangle OBD} = S_{\triangle ACD} - S_{\triangle OCD}$,

即 $S_{\triangle AOB} = S_{\triangle AOC}$.

同理可得 $S_{\triangle COA} = S_{\triangle COB}$, $S_{\triangle BOA} = S_{\triangle BOC}$,

即 $S_{\triangle OBC} = S_{\triangle OCA} = S_{\triangle OAB}$.

图 8-12

如图 8-13, 过点 O 作 $OG \perp BC$ 于点 G, $OH \perp CA$ 于点 H, $OI \perp AB$ 于点 I.

∵ 点 O 是 $\triangle ABC$ 的内心, ∴ $OG = OH = OI$.

∵ OG, OH, OI 分别是 $\triangle OBC, \triangle OCA, \triangle OAB$ 的高,

∴ $\frac{1}{2} BC \cdot OG = \frac{1}{2} CA \cdot OH = \frac{1}{2} AB \cdot OI$,

∴ $BC = CA = AB$, ∴ $\triangle ABC$ 是正三角形.

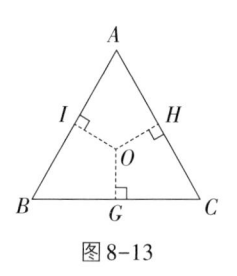

图 8-13

问题 ❹

如图 8-14,锐角三角形 △ABC 的外心为 O,外接圆半径为 R,延长 AO,BO,CO,分别与对边 BC,CA,AB 交于点 D,E,F;证明:$\dfrac{1}{AD}+\dfrac{1}{BE}+\dfrac{1}{CF}=\dfrac{2}{R}$.

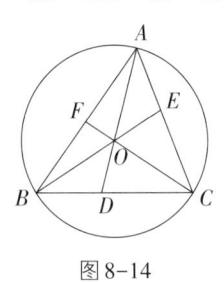

图 8-14

【解析】

证明:如图 8-15,延长 AD 交 ⊙O 于 M,由于 AD,BE,CF 共点 O,

$\dfrac{OD}{AD}=\dfrac{S_{\triangle OBC}}{S_{\triangle ABC}}$, $\dfrac{OE}{BE}=\dfrac{S_{\triangle OAC}}{S_{\triangle BAC}}$, $\dfrac{OF}{CF}=\dfrac{S_{\triangle OAB}}{S_{\triangle CAB}}$,

则 $\dfrac{OD}{AD}+\dfrac{OE}{BE}+\dfrac{OF}{CF}=1$,①

而 $\dfrac{OD}{AD}=\dfrac{R-DM}{2R-DM}=1-\dfrac{R}{2R-DM}=1-\dfrac{R}{AD}$,

同理有 $\dfrac{OE}{BE}=1-\dfrac{R}{BE}$, $\dfrac{OF}{CF}=1-\dfrac{R}{CF}$,

代入①得 $\left(1-\dfrac{R}{AD}\right)+\left(1-\dfrac{R}{BE}\right)+\left(1-\dfrac{R}{CF}\right)=1$,

故 $\dfrac{1}{AD}+\dfrac{1}{BE}+\dfrac{1}{CF}=\dfrac{2}{R}$.

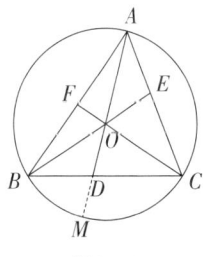

图 8-15

拓展应用

1. 圆的外切正三角形的边长是圆内接正三角形的边长的( ).

A.2 倍   B.$\sqrt{2}$ 倍

C.$\sqrt{2}$ 倍   D.3 倍

2. 如图 8-16,在 △ABC 中,动点 P,Q 分别在边 AB,AC 上,且满足 $\dfrac{BP}{PA}+\dfrac{CQ}{QA}=1$,则直线 PQ 一定经过 △ABC 的( ).

A. 垂心   B. 外心

C. 重心   D. 内心

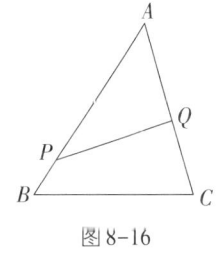

图 8-16

3. 如图8-17,求证:内心与外心为同一点的三角形一定是正三角形.

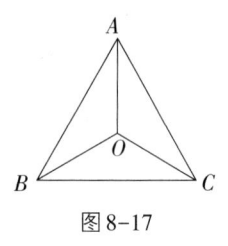

图8-17

4. 如图8-18,已知△ABC的重心G与内心I的连线GI//BC.求证:AB+AC=2BC.

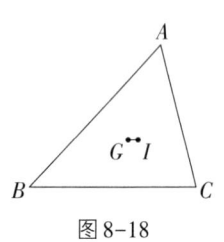

图8-18

5. 证明：任何三角形的垂心、重心、外心是共线的，且重心按2∶1分割垂心和外心之间的距离．

6. 如图8-19，已知△ABC的三边长均为正整数，周长为35，点G和I分别为△ABC的重心和内心，且∠GIC=90°，求边AB的长度．

图8-19

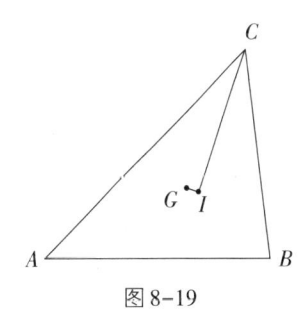

第九讲 几何法与解析法

《义务课程标准》指出:感悟平面直角坐标系是沟通代数与几何的桥梁,理解平面上点与坐标之间的一一对应关系,能用坐标描述简单几何图形的位置;会用坐标表达图形的变化、简单图形的性质,感悟通过几何建立直观、通过代数得到数学表达的过程.在这样的过程中,感悟数形结合的思想,会用数形结合的方法分析和解决问题.在具体现实情境中,学会从几何的角度发现问题和提出问题,经历用几何直观和逻辑推理分析问题和解决问题的过程,培养应用意识和创新意识,提升几何直观、空间观念、抽象能力、推理能力等.

《高中课程标准》指出:能够掌握平面解析几何解决问题的基本过程,即根据具体问题情境的特点,建立平面直角坐标系;根据几何问题和图形的特点,用代数语言把几何问题转化成为代数问题;根据对几何问题(图形)的分析,探索解决问题的思路;运用代数方法得到结论,给出代数结论合理的几何解释.重点提升直观想象、数学运算、数学建模、逻辑推理和数学抽象素养.

笛卡尔创立的平面直角坐标系是数轴的拓展,是沟通几何与代数的桥梁,是连接几何法和解析法的枢纽.由两个课程标准可以看出,初中阶段以平面直角坐标系主要探索图形在静止或运动状态中,构造图形的基本元素点的坐标与有序实数对的一一对应关系,经历用坐标表达图形的轴对称、旋转、平移变化的过程,体会用代数方法表达图形变化的意义,利用图象研究一次函数、反比例函数和二次函数性质,发展几何直观.高中阶段根据不同的情境,建立平面直线与圆的方程,建立椭圆、抛物线、双曲线的标准方程,能够运用代数的方法研究直线、圆锥曲线之间的基本关系,运用平面解析几何的思想解决一些简单的实际问题.

部分优秀学生在初中会拓展学习"理解直线的倾斜角和斜率的概念,经历用代数方法刻画直线斜率的过程,掌握过两点的直线斜率的计算公式;能根据斜率判定两条直线平行或垂直;探索并掌握平面上两点间的距离公式、点到直线的距离公式,会求两条平行直线间的距离"等高中知识来解答平面直角坐标系的几何问题,可以提前体验解析法的简洁思维.因为几何法侧重对图形的整体把握、直观感知,解析法侧重数学运算与逻辑推理,所以在几何法与解析法的方法衔接上,更多的是引导学生体会这两种方法的对比,几何法直观、简洁,但是辅助线、探究思路不容易想到,解析法容易思考,但是运算量很大.比如说在平面直角坐标系下的等腰三角形存在性问题,几何法是画出图形,再结合勾股定理、相似等工具,很快得出答案;而解析法不用画图,利用两点间的距离公式建立方程求解,计算比较烦琐.对于一般几何问题多采用几何法与解析法的分析比较,更好地提升学生直观想象、数学运算与逻辑推理能力.

衔接要点

初中阶段学习的平面几何,一般是用几何法来研究的,在建立坐标系后,解析法是解决平面几何的主要解题策略,当面对新的问题,培养能在几何法和解析法二者中选择合适方法求解的能力是初高中衔接的难点,同时也是为高中阶段的解析几何作铺垫.当问题涉及图形、距离、角度等几何概念时,通常可以使用几何法,利用图形形状和位置关系进行推理和运算来解决(见题1、题4);当问题涉及坐标、方程、函数等代数概念时,通常使用解析法,将几何问题转化为代数问题,利用代数式进行推理和运算来解决(见题2);当问题涉及利用图形形状和位置关系推理,利用代数式来运算时,需综合运用几何法和解析法来解决(见题3).

1. 平面上到一个三角形三边距离相等的点共有(　　).
A.1个　　　　　B.2个　　　　　C.3个　　　　　D.4个

【解析】

如图9-1,4个,故选:D.

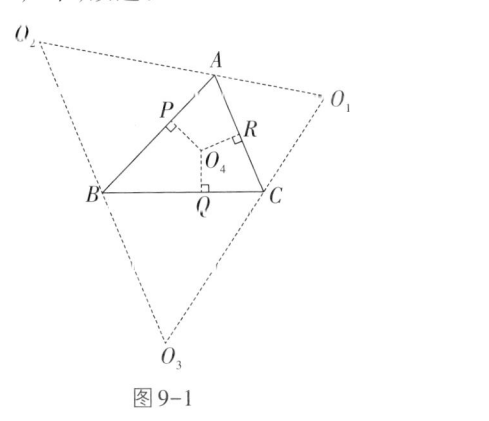

图9-1

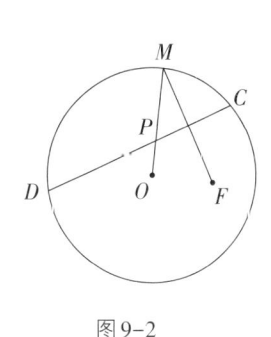

图9-2

2. 如图9-2所示,给定一张圆形纸片,F 是圆内异于圆心 O 的一定点,M 是圆上任意一点,将纸片折叠,使 M 与 F 重合,折痕 CD 与 OM 的交点为 P,则所有符合条件的 P 点组成的图形是( ).

    A.圆   B.椭圆   C.抛物线   D.双曲线

【解析】

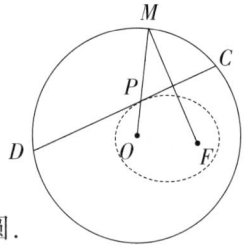

由题意知, CD 是线段 MF 的垂直平分线,

∴ $|MP|=|PF|$, ∴ $|PF|+|PO|=|PM|+|PO|=|MO|$(定值),

显然 $|MO|>|FO|$,

∴根据椭圆的定义可推断出点 P 轨迹是以 F,O 两点为焦点的椭圆.

故选:B.

图 9-3

圆、椭圆、双曲线、抛物线定义
①如图 9-4,圆 O: $\sqrt{(x-a)^2+(y-b)^2}=r$(两点间距离公式)$\Rightarrow (x-a)^2+(y-b)^2=r^2$.   图 9-4   ②如图 9-5,设 $F_1(-c,0)$, $F_2(c,0)$, $M(x,y)$,   图 9-5   则 $\sqrt{(x+c)^2+y^2}+\sqrt{(x-c)^2+y^2}=2a$ 的几何意义为到点 F_1 和 F_2 距离之和为 $2a$ 的点的集合,   又由 $a^2-c^2=b^2$,其中 $a>b>0$,则有 $a>c$,   则 M 的轨迹是以 F_1,F_2 为焦点的椭圆,且 $a^2-c^2=b^2$,   则椭圆的方程为 $\dfrac{x^2}{a^2}+\dfrac{y^2}{b^2}=1$.   ③如图 9-6,设 $F_1(-c,0)$, $F_2(c,0)$, $M(x,y)$,   图 9-6

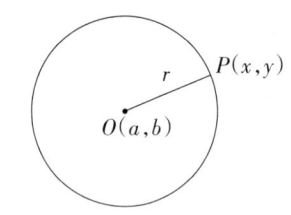

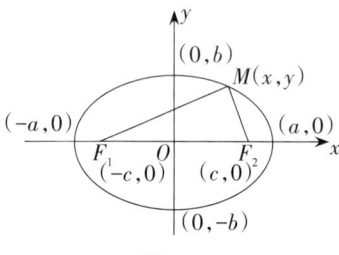

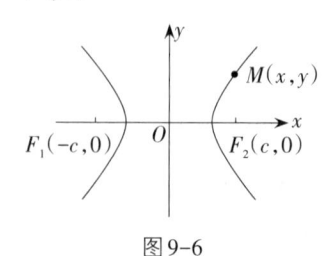

圆、椭圆、双曲线、抛物线定义

则 $\left|\sqrt{(x+c)^2+y^2}-\sqrt{(x-c)^2+y^2}\right|=2a$ 的几何意义为到点 F_1 和 F_2 距离之差的绝对值为 $2a$ 的点的集合,

又由 $a^2+b^2=c^2$,其中 $a>0,b>0$,

则 M 的轨迹是以 F_1,F_2 为焦点的双曲线,且 $a^2+b^2=c^2$,

则双曲线的方程为 $\dfrac{x^2}{a^2}-\dfrac{y^2}{b^2}=1$.

④如图 9-7,设 $F\left(0,\dfrac{p}{2}\right),M(x,y)$,直线 $y=-\dfrac{p}{2}$,

则 $\sqrt{(x-0)^2+\left(y-\dfrac{p}{2}\right)^2}=y+\dfrac{p}{2}$ 的几何意义为到点 F 和直线 $y=-\dfrac{p}{2}$ 的距离相等的点的集合,

则抛物线的方程为 $x^2=2py$.

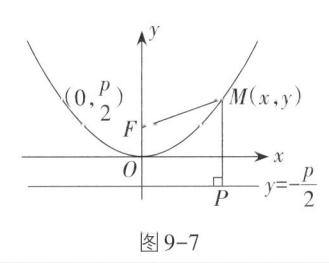

图 9-7

---

3. 已知 $A(2,5),B(4,-7)$,若点 P 在 y 轴上且使得 $PA+PB$ 的值最小,则点 P 的坐标为_____.

【解析】

如图 9-8,作点 A 关于 y 轴的对称点 C,得 $C(-2,5)$,直线 BC 与 y 轴交点即为点 P,此时 $PA+PB$ 的值最小,设直线 BC 的函数解析式为 $y=kx+b$,将 $B(4,-7),C(-2,5)$ 代入,得

$\begin{cases} 4k+b=-7, \\ -2k+b=5, \end{cases}$ 解得 $\begin{cases} k=-2, \\ b=1, \end{cases}$

∴直线 BC 的函数解析式为 $y=-2x+1$,

∴当 $x=0$ 时,得 $y=1$,

∴$P(0,1)$.

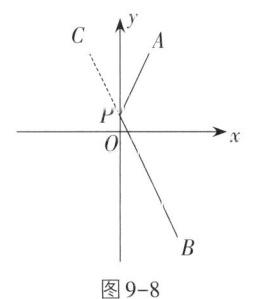

图 9-8

4. 若边长为 1 的正方形沿着其一边所在直线作无滑动的滚动一周,则其中心所经过的路程是_____.

【解析】

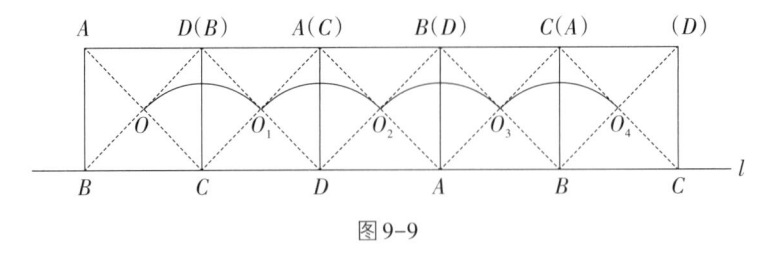

图9-9

如图9-9，$BC=1$，正方形$ABCD$"滚动"一周时，中心O所经过的路程为：

$$L_{中}=\frac{1}{4}\times 2\pi\left(\frac{\sqrt{2}}{2}\right)\times 4$$

$$=\sqrt{2}\,\pi.$$

问题探究

在衔接要点的探究中可以看到，几何法和解析法是解决平面几何的两个重要方法．几何法经常用于证明线段的位置关系和数量关系，那么解析法是否也能证明相同问题呢？在衔接要点的题3的基础上，若再加一个动点，几何法和解析法又是如何综合运用的呢？当复杂的根式不等式用代数的方法很难证明时，此时能用什么方法直观、快捷地求证呢？面对生活中的实际问题，你是选择几何法还是解析法来进行求解呢？下面我们一起来探究吧！

问题 ①

如图9-10，以直角三角形ABC的每边为边向外作正方形，设正方形的中心分别为H，M，N．证明：MN与CH互相垂直且相等．

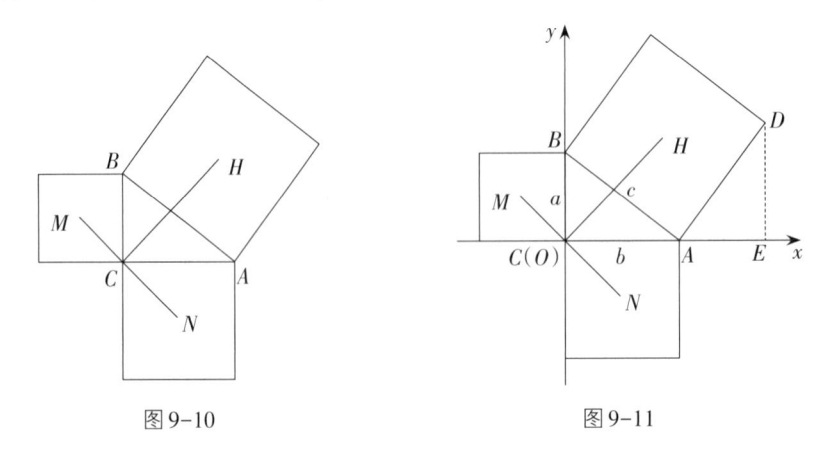

图9-10   图9-11

【解析】

如图9-11，设$\triangle ABC$三边长分别为a,b,c，如图建立直角坐标系，

则 $M(-\frac{a}{2}, \frac{a}{2})$, $N(\frac{b}{2}, -\frac{b}{2})$, 作 $DE \perp x$ 轴, 易证 $Rt\triangle ABC \cong Rt\triangle DAE$,

∴ $D(a+b, b)$.

又∵ $B(0, a)$, 由中点公式得 $H(\frac{a+b}{2}, \frac{a+b}{2})$,

∴ $MN = \frac{\sqrt{2}}{2}(a+b) = CH$, $k_{MN} = -1$, $k_{CH} = 1$,

∴ $MN \perp CH$,

∴ MN 与 CH 互相垂直且相等.

问题 ❷

在直角坐标系中,有四个点 $A(-8,3)$, $B(-4,5)$, $C(0,n)$, $D(m,0)$. 若要使四边形 $ABCD$ 周长最短,求 m,n 的值.

【解析】

如图 9-12, 作点 $A(-8,3)$ 关于 x 轴的对称点 $A'(-8,-3)$, 作点 $B(-4,5)$ 关于 y 轴的对称点 $B'(4,5)$, 设直线 $A'B'$ 的方程为 $y=kx+b (k \neq 0)$,

则 $\begin{cases} -3=-8k+b \\ 5=4k+b \end{cases}$, 解得 $k=\frac{2}{3}$, $b=\frac{7}{3}$.

故过 A', B' 两点的直线解析式为 $y=\frac{2}{3}x+\frac{7}{3}$,

令 $y=0$, 可得 $m=-\frac{7}{2}$,

令 $x=0$, 可得 $n=\frac{7}{3}$,

故 $m=-\frac{7}{2}$, $n=\frac{7}{3}$.

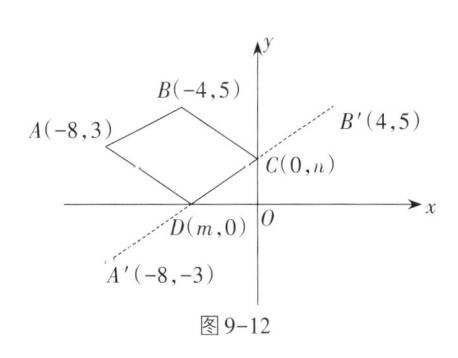

图 9-12

问题 ❸

已知 $0<x<1$, $0<y<1$, 求证:

$\sqrt{x^2+y^2} + \sqrt{x^2+(1-y)^2} + \sqrt{(1-x)^2+y^2} + \sqrt{(1-x)^2+(1-y)^2} \geq 2\sqrt{2}$.

【解析】

如图 9-13 建立平面直角坐标系, ∵ $0<x<1$, $0<y<1$, 设 $P(x,y)$, $A(1,0)$, $B(1,1)$, $C(0,1)$,

则 $|PO|=\sqrt{x^2+y^2}$, $|PA|=\sqrt{(1-x)^2+y^2}$,

$|PB|=\sqrt{(1-x)^2+(1-y)^2}$, $|PC|=\sqrt{x^2+(1-y)^2}$.

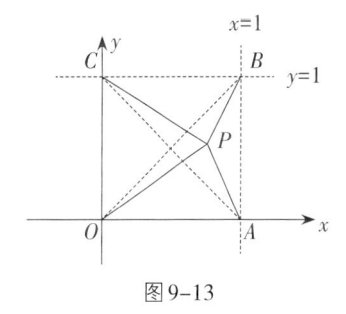

图 9-13

∵ $|PO|+|PB| \geqslant |BO| = \sqrt{2}$, $|PA|+|PC| \geqslant |AC| = \sqrt{2}$,

∴ $|PO|+|PB|+|PA|+|PC| \geqslant 2\sqrt{2}$(当且仅当点 P 为正方形 $OABC$ 的对角线 AC 与 OB 的交点时取等号),

∴ $\sqrt{x^2+y^2}+\sqrt{x^2+(1-y)^2}+\sqrt{(1-x)^2+y^2}+\sqrt{(1-x)^2+(1-y)^2} \geqslant 2\sqrt{2}$.

问题 ④

某房地产公司要在荒地 $ABCDE$(如图 9-14)上划出一块长方形地面(不改变方位),拟建造一幢 8 层楼的公寓,问如何设计才能使公寓的占地面积最大?并求出最大面积.

【解析】

方法一:

如图 9-15 所示,设 $NG = x$ m($60 \leqslant x \leqslant 80$),矩形 $MNGD$ 的面积为 S m²,而 $MN = 70 + \frac{3}{2}(80-x) = -\frac{3}{2}x+190$,故 $S = NG \cdot MN = -\frac{3}{2}x^2+190x = -\frac{3}{2}(x-\frac{190}{3})^2 + \frac{18050}{3}$,∴当 $x = \frac{190}{3}$ 时,S 有最大值 $\frac{18050}{3}$,故只要使与 AE 平行的长方形的一边长为 $\frac{190}{3}$ m,此时公寓楼的占地面积达到最大值 $\frac{18050}{3}$ m².

方法二:

如图 9-16 所示,分别以 BC,AE 所在直线为 x 轴,y 轴建立如图所示平面直角坐标系,则 $AB: y = -\frac{2}{3}x+20$($0 \leqslant x \leqslant 30$),公寓占地面积为 $S = (100-x)(80-y) = (100-x)(60+\frac{2}{3}x) = -\frac{2}{3}(x-5)^2 + \frac{50}{3} + 6000$($0 \leqslant x \leqslant 30$),

∵ $-\frac{2}{3} < 0$,抛物线开口向下,

∴ $x = 5$ 时,$S_{max} = 6000 + \frac{50}{3} = \frac{18050}{3}$ m²,此时 $y = \frac{50}{3}$.

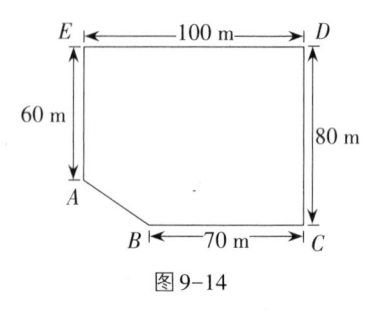

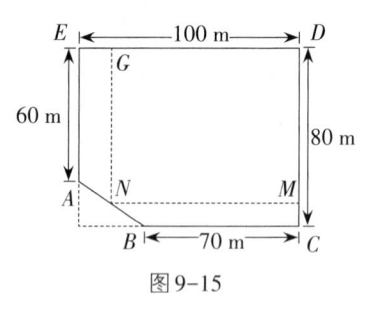

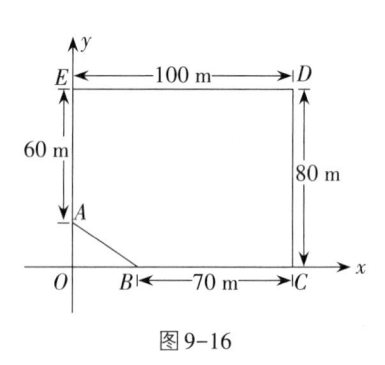

拓展应用

1. 坐标平面上过点 $A(1,1), B(2,2)$，且与 x 轴相切的圆（　　）

   A. 不存在　　　　B. 有且只有1个　　　　C. 有2个　　　　D. 有3个或3个以上

2. 设点 P 到等边 $\triangle ABC$ 两顶点 A, B 的距离分别为 $PA=2, PB=3$，则 PC 所能达到的最大值是（　　）

   A. 5　　　　B. $\sqrt{5}$　　　　C. $\sqrt{13}$　　　　D. 6

3. 如图9-17，已知 $A(2,3)$，动点 B, C 分别在直线 $y=x$ 和 y 轴上，则 $\triangle ABC$ 周长的最小值是_____．

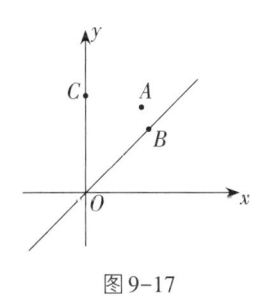

图9-17

4. 先将一根绳子从边长为单位1的正三角形的一个顶点开始紧绕其一周，然后固定在平面上，并将绳子拉紧展开，则绳头在平面上所经过的路程是_____．

5. 求函数 $y=\sqrt{x^2-8x+20}+\sqrt{x^2+1}$ 的最小值．

6. 用解析法证明：平行四边形对角线的平方和等于四条边的平方和．

第十讲 计数原理与组合数学

《义务课程标准》指出：模型观念主要是指对运用数学模型解决实际问题有清晰的认识.知道数学建模是数学与现实联系的基本途径；初步感知数学建模的基本过程……模型观念有助于开展跨学科主题学习，感悟数学应用的普遍性.

《高中课程标准》指出：数学建模是对现实问题进行数学抽象，用数学语言表达问题、用数学方法构建模型解决问题的素养.数学建模过程主要包括：在实际情境中从数学的视角发现问题、提出问题、分析问题、建立模型、确定参数、计算求解、检验结果、改进模型，最终解决实际问题.

组合数学是数学建模中的重要工具，据统计，组合优化在历年的数学建模比赛所占比例比较大，占百分之四十左右，配对问题模型、摸球问题模型、分配问题模型、组合优化模型等都是组合数学在建模中的应用.由两个课程标准可以看出，初中阶段的模型观念侧重于从现实生活或具体情境中抽象出数学问题，用方程、不等式、函数等表示数学问题中的数量关系和变化规律，求出结果并讨论结果的意义，逐步形成模型观念.高中阶段的数学建模不再限于方程、不等式和函数，而是通过高中数学课程的学习，让学生能有意识地用数学语言表达现实世界，发现和提出问题，感悟数学与现实之间的关联；学会用数学模型解决实际问题，积累数学实践的经验；认识数学模型在科学、社会、工程技术诸多领域的作用，提升实践能力，增强创新意识和科学精神.

计数问题是组合数学中的重要组成部分，是中学数学课堂教学内容之一.组合数学中研究最多的是计数问题，加法计数原理和乘法计数原理是其中最基本、最重要的两个基本原理.对于初中生而言，"组合数学"似乎是一个新鲜而陌生的内容，其实在之前接触到的不少问题，如游戏、策略等都是组合数学问题，而小学、初中数学竞赛常考的知识点——抽屉原理和容斥原理也是组合计数和组合分析常用的技巧和方法.这些内容看似简单，但其中包含极强的技巧性，对于这类问题一般通过构造的方法建立简单的数学模型，继而借助数学原理求解.高中数学课程中含有计数基本原理、排列、组合、二项式定理及其应用这些组合数学的内容,要求学生掌握这些基本知识,同时了解计数与实际生活的联系,会处理实际应用中的计数问题.组合计数、组合思想除在组合恒等式的证明和应用之外,在统计概率中也有着重要应用,排列组合掌握得好与不好常常影响着古典概型的求解.因此,计数原理和组合数学的衔接体现在让学生理解加法计数原理、乘法计数原理、抽屉原理和容斥原理,并通过例题或习题进行相应知识巩固,为高中数学的相关知识学习做好铺垫.

衔接清单

1.分类加法计数原理:完成一件事,有 n 类办法,在第1类办法中有 m_1 种不同的方法,在第2类办法中有 m_2 种不同的方法……在第 n 类办法中有 m_n 种不同的方法.那么完成这件事共有 $N=m_1+m_2+m_3+\cdots+m_n$ 种不同的方法.

2.分步乘法计数原理:完成一件事,需要分成 n 个步骤,做第1步有 m_1 种不同的方法,做第2步有 m_2 种不同的方法……做第 n 步有 m_n 种不同的方法.那么完成这件事共有 $N=m_1 \cdot m_2 \cdot m_3 \cdots m_n$ 种不同的方法.

3.两个计数原理区别.

	分类加法计数原理	分步乘法计数原理
区别1	完成一件事,共有 n 类办法,关键词"分类"	完成一件事,共分 n 个步骤,关键词"分步"
区别2	每类办法都能独立地完成这件事情,它是独立的、一次的,且每次得到的都是最后结果,只需一种方法就可完成这件事	每一步得到的只是中间结果,任何一步都不能独立完成这件事,缺少任何一步都不能完成这件事,只有各个步骤都完成了,才能完成这件事
区别3	各类办法是互相独立的	各步之间是互相关联的

4.排列与组合知识.

①对于正整数 n,定义阶乘运算: $n!=1\times2\times\cdots\times(n-1)\times n$,规定 $0!=1$.

②排列:设从 n 个不同元素中选出 m 个并排成一排的不同排列方法数记为 A_n^m,称其为排列数.由乘法原理可得, $A_n^m=n\times(n-1)\times(n-2)\times\cdots\times(n-m+1)=\dfrac{n\times(n-1)\times(n-2)\times\cdots\times2\times1}{(n-m)\times\cdots\times2\times1}=\dfrac{n!}{(n-m)!}$, $m=n$ 时即为全排列.

③可重排列:从 n 个不同元素中可重复地选取 m 个并排成一排,不同排列方法数为 n^m.

④组合:设从 n 个不同元素中选出 m 个并不按顺序地组合在一起的方法数记为 C_n^m,称其为组合数.由乘法原理可得, $C_n^m=\dfrac{A_n^m}{A_m^m}=\dfrac{n!}{m!(n-m)!}$.

衔接要点

枚举法、计数原理以及排列组合都涉及计算样本空间中元素的个数.枚举法是指通过一个个地列举出样本空间中所有元素来求解问题,它通常用于解决简单的问题,比如从一个有限集合中选出若干元素的所有可能性,但对于较为复杂或更大规模的问题,使用枚举法则会变得烦琐、耗时,并且难以保证正确性.计数原理和排列组合,则是一种更为高效和精确的计算方法,它们可以直接计算出样本空间中指定元素个数的数量,从而快速求解相关问题,因此,从枚举法到计数原理和排列组合,是一个建模的过程.当用枚举法讨论相互关联的分步问题时,可以建模成"分步乘法计数原理"(见题1);当用枚举法讨论从固定数量的元素中选择某些特定数量的元素时,可以建模成"排列组合"(见题2);当用枚举法讨论相互独立的分类问题时,可以建模成"分类加法计数原理"(见题3、题4).

1. 如图10-1,从点A经点B到达点C的不同路径共有_____条.

【解析】

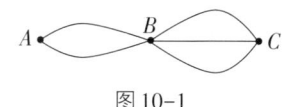

∵从点A到达点B有2种路径,从点B到达点C有3种路径,

∴从点A经点B到达点C的不同路径共有2×3=6条.

图10-1

2. 从5名候选同学中任意选出2名参赛,共有_____种不同的选法.

【解析】

设5名同学为A,B,C,D,E,则选2名参赛,有$AB,AC,AD,AE,BC,BD,BE,CD,CE,DE$,

$(5-1)×5÷2=20÷2=10$(种),即一共有10种不同的选法.

3. 从$\{-3,-2,-1,0,1,2,3\}$中任取3个不同的数作为抛物线$y=ax^2+bx+c$($a≠0$)的系数,如果抛物线过原点,且顶点在第一象限,则这样的抛物线共有( )条.

A.3   B.5   C.9   D.12

【解析】

∵抛物线过原点,且顶点在第一象限,

∴$c=0$,且$\begin{cases}-\dfrac{b}{2a}>0,\\ \dfrac{4ac-b^2}{4a}=\dfrac{-b^2}{4a}>0,\end{cases}$

∴$a<0,b>0,c=0$,

∴$a=-3,c=0$时,$b=1,2,3$,有3条,

$a=-2,c=0$时,$b=1,2,3$,有3条,

$a=-1, c=0$ 时, $b=1,2,3$, 有 3 条,

∴这样的抛物线有 $3+3+3=9$ 条.

故选:C.

4.已知1条直线将平面分割为2个区域,2条直线两两相交最多可将平面分割成4个区域,则10条直线两两相交最多可将平面分割成的区域的个数为(   ).

A.53　　　　　B.54　　　　　C.55　　　　　D.56

【解析】

如图 10-2,1 条直线,将平面分为 2 个区域;

如图 10-3,2 条直线,较之前增加 1 条直线,增加 1 个交点,增加了 2 个区域;

如图 10-4,3 条直线,与之前两条直线均相交,增加 2 个交点,增加了 3 个区域;

4 条直线,与之前三条直线均相交,增加 3 个交点,增加了 4 个区域;

……

n 条直线,与之前 $(n-1)$ 条直线均相交,增加 $(n-1)$ 个交点,增加 n 个区域.

∴n 条直线分平面的总数为 $2+(2+3+4+5+6+7+8+\cdots+n)=1+(1+2+3+4+5+6+7+8+\cdots+n)=1+\dfrac{n(n+1)}{2}=\dfrac{n^2+n+2}{2}$,把 $n=10$ 代入得有 56 个区域.

故选:D.

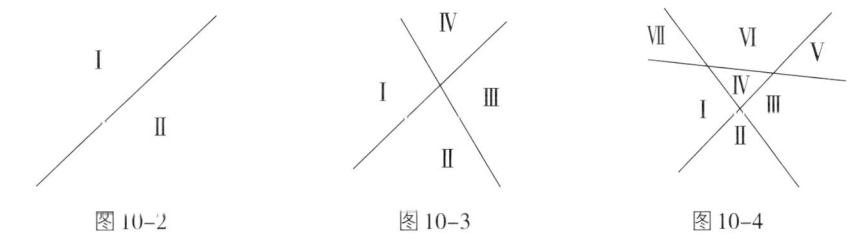

图 10-2　　　　　图 10-3　　　　　图 10-4

问题探究

在衔接要点的探究中可以看到,通过枚举法的讨论,可以建模成"加法、乘法计数原理"和"排列组合".当求正方体中共线的三点组的个数时,你会选择哪种方法呢?"染色问题"指的是用有限种颜色对图的节点进行染色的问题,要求相邻节点不能使用相同的颜色,属于图论问题,也是组合数学的一个分支,你能解决简单的染色问题吗?"抽屉原理"(也称为鸽巢原理)是初等组合数学中的重要原理,如何利用抽屉原理求证两点之间的距离的大小问题呢? 从以上问题的证明中,我们可以清楚地看到抽屉原理、分析、构造、化归等方法的综合运用是解决染色问题的有力工具.若将问题中的对象适当进行染色、构造对应的染色图形,再通过对染色图形的处理达到原问题的解决的方法,称为"染色方法",你能尝试用染色方法解决具体的问题吗?下面我们一起来探究吧!

问题 ❶

如图10-5,在正方体的8个顶点、12条棱的中点、6个面的中心及正方体的中心共27个点中,共线的三点组的个数是多少?

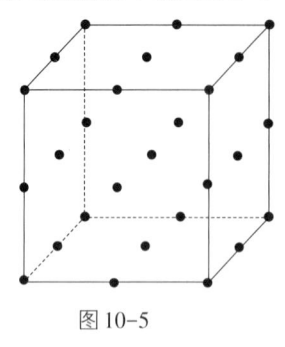

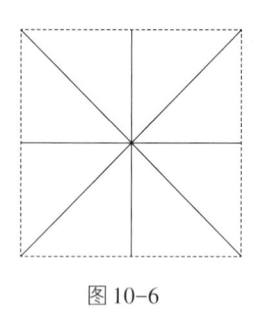

图10-5

图10-6

【解析】

①显然正方体每条棱上的三点均满足条件,共计12组;

②如图10-6,每个面除了面的中心外还有8个点,其中与面的中心共线共有 $\frac{8}{2}=4$(组),

∴六个面共有 $4×6=24$(组);

③除了正方体中心外,还有26个点,其中与正方体的中心共线共有 $\frac{26}{2}=13$(组).

综上所述,共有 $12+24+13=49$(组).

问题 ❷

问题提出:如图10-7,在四个相邻区域A,B,C,D中,给每一区域染色,每一个区域中染同一种颜色,但相邻的区域颜色不能相同,一共有4种颜色,如果颜色可以反复使用,请问有几种不同的染色方法?

问题拓展1:用红、黄、蓝、白、黑五种颜色染在"田"字形的四个小方格内(图10-8),每格染一种颜色,相邻的两格染不同的颜色,如果颜色可以反复使用,共有多少种不同的染色方法?

问题拓展2:用 $m(m≥4)$ 种颜色染在"田"字形的四个小方格内(图10-8),每格染一种颜色,相邻的两格染不同的颜色,如果颜色可以反复使用,共有多少种不同的染色方法?

问题拓展3:要用4种颜色给A,B,C,D的图形染色(图10-9),每一图形用一种颜色,要求相邻的图形不同色,如果颜色可以反复使用,则有多少种不同的染色方法?

图 10-7　　　　　　图 10-8　　　　　　图 10-9

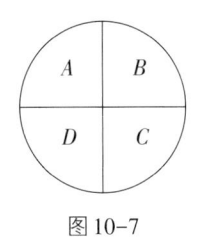

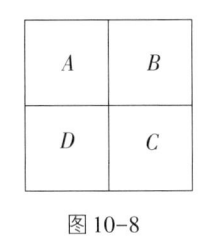

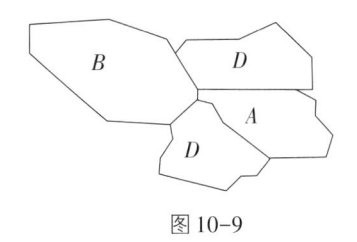

【解析】

【问题提出】染色共有三种方案.

方案(一)用四种颜色,即:A,B,C,D 四个区域颜色各不相同.

第一步给区域 A 染色时,有 4 种颜色可以选择;

第二步给区域 B 染色时,还剩 3 种颜色可以选择;

第三步给区域 C 染色时,还剩 2 种颜色可以选择;

第四步给区域 D 染色时,仅剩 1 种颜色可以选择.

∴四个区域颜色都不相同时一共有 $4\times3\times2\times1=24$ 种染法.

方案(二)用三种颜色,即:A,C 区域颜色相同或 B,D 区域颜色相同,其他区域各不相同.

(1)仅有 A,C 区域颜色相同,

第一步给区域 A,C 染色时,有 4 种颜色可以选择;

第二步给区域 B 染色时,还剩 3 种颜色可以选择;

第三步给区域 D 染色时,还剩 2 种颜色可以选择.

∴A,C 区域颜色相同时,一共有 $4\times3\times2=24$ 种染法.

(2)仅有 B,D 区域颜色相同,

第一步给区域 B,D 染色时,有 4 种颜色可以选择;

第二步给区域 A 染色时,还剩 3 种颜色可以选择;

第三步给区域 C 染色时,还剩 2 种颜色可以选择.

∴B,D 区域颜色相同时一共有 $4\times3\times2=24$ 种染法.

即 A,C 区域颜色相同或 B,D 区域颜色相同,其他区域各不相同时,一共有 $24+24=48$ 种染法.

方案(三)用两种颜色,即:A,C 区域颜色相同,B,D 区域颜色相同.

第一步给区域 A,C 染色时,有 4 种颜色可以选择;

第二步给区域 B,D 染色时,还剩 3 种颜色可以选择;

∴A,C 区域颜色相同,B,D 区域颜色相同时,一共有 $4\times3=12$ 种染法.

综上所述,三种方案共有 $24+48+12=84$(种),即共有 84 种不同的染色方法.

【问题拓展1】染色共有三种方案.

方案(一)用四种颜色,即:A,B,C,D 四个区域颜色各不相同.

第一步给区域 A 染色时,有5种颜色可以选择;

第二步给区域 B 染色时,还剩4种颜色可以选择;

第三步给区域 C 染色时,还剩3种颜色可以选择;

第四步给区域 D 染色时,还剩2种颜色可以选择.

∴四个区域颜色都不相同时,一共有 $5×4×3×2=120$ 种染法;

方案(二)用三种颜色,即:A,C 区域颜色相同或 B,D 区域颜色相同,其他区域各不相同.

(1)仅有 A,C 区域颜色相同,

第一步给区域 A,C 染色时,有5种颜色可以选择;

第二步给区域 B 染色时,还剩4种颜色可以选择;

第三步给区域 D 染色时,还剩3种颜色可以选择.

∴A,C 区域颜色相同时,一共有 $5×4×3=60$ 种染法.

(2)仅有 B,D 区域颜色相同,

第一步给区域 B,D 染色时,有5种颜色可以选择;

第二步给区域 A 染色时,还剩4种颜色可以选择;

第三步给区域 C 染色时,还剩3种颜色可以选择.

∴B,D 区域颜色相同时,一共有 $5×4×3=60$ 种染法.

即 A,C 区域颜色相同或 B,D 区域颜色相同,其他区域各不相同时一共有 $60+60=120$ 种染法.

方案(三)用两种颜色,即:A,C 区域染色相同,B,D 区域颜色相同.

第一步给区域 A,C 染色时,有5种颜色可以选择;

第二步给区域 B,D 染色时,还剩4种颜色可以选择;

∴A,C 区域颜色相同,B,D 区域颜色相同时,一共有 $5×4=20$ 种染法.

综上所述,三种方案共有 $120+120+20=260$(种),

即共有260种不同的染色方法.

【问题拓展2】染色共有三种方案.

方案(一)用四种颜色,即:A,B,C,D 四个区域颜色各不相同,

第一步给区域 A 染色时,有 m 种颜色可以选择;

第二步给区域 B 染色时,还剩 $(m-1)$ 种颜色可以选择;

第三步给区域 C 染色时,还剩 $(m-2)$ 种颜色可以选择;

第四步给区域 D 染色时,还剩 $(m-3)$ 种颜色可以选择.

∴四个区域颜色都不相同时,一共有 $m(m-1)(m-2)(m-3)$ 种染法.

方案(二)用三种颜色,即:A,C区域颜色相同或B,D区域颜色相同,其他区域各不相同.

(1)仅有A,C区域颜色相同,

第一步给区域A,C染色时,有m种颜色可以选择;

第二步给区域B染色时,还剩$(m-1)$种颜色可以选择;

第三步给区域D染色时,还剩$(m-2)$种颜色可以选择.

∴A,C区域颜色相同时,一共有$m(m-1)(m-2)$种染法.

(2)仅有B,D区域颜色相同,

第一步给区域B,D染色时,有m种颜色可以选择;

第二步给区域A染色时,还剩$(m-1)$种颜色可以选择;

第三步给区域C染色时,还剩$(m-2)$种颜色可以选择.

∴B,D区域颜色相同时,一共有$m(m-1)(m-2)$种染法.

即A,C区域颜色相同或B,D区域颜色相同,其他区域各不相同时一共有$m(m-1)(m-2)+m(m-1)(m-2)=2m(m-1)(m-2)$种染法.

方案(三)用两种颜色,即:A,C区域染色相同,B,D区域颜色相同.

第一步给区域A,C染色时,有m种颜色可以选择;

第二步给区域B,D染色时,还剩$(m-1)$种颜色可以选择;

∴AC区域相同,B,D区域颜色相同时,一共有$m(m-1)$种染法.

综上所述,三种方案共有$m(m-1)(m-2)(m-3)+2m(m-1)(m-2)+m(m-1)=m(m-1)[(m^2-5m+6)+(2m-4)+1]=m(m-1)(m^2-3m+3)$(种),

即共有$m(m-1)(m^2-3m+3)$种不同的染色方法.

【问题拓展3】

第一步,给图形A染色时,有4种颜色可以选择;

第二步,给图形B染色时,有3种颜色可以选择;

第三步,给图形C染色时,有2种颜色可以选择,

第四步,给图形D染色时,有2种颜色可以选择;

即一共有$4×3×2×2=48$种染法.

问题 ③

在边长为2的正方形中,有任意5点,求证:至少有两点之间距离不大于$\sqrt{2}$.

【解析】

把边长为2的正方形分为四个边长为1的小正方形,根据抽屉原理:至少有一个小正方形里有两个点,他们的距离不大于小正方形的对角线长,也就是$\sqrt{2}$.

图 10-10

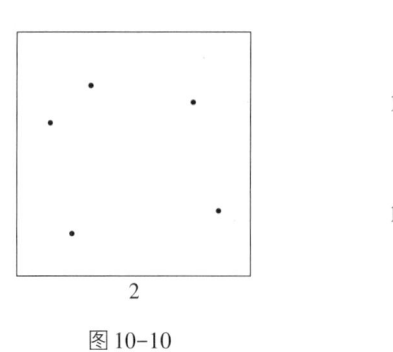

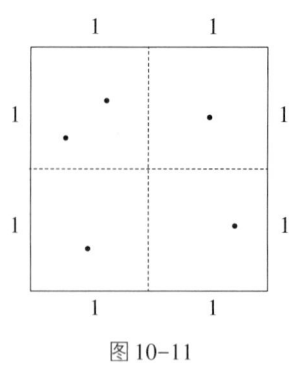

图 10-11

抽屉原理
抽屉原理又称鸽巢原理,它是组合数学的一个基本原理,最先是由德国数学家狄利克雷明确地提出来的,因此,也称为狄利克雷原理.把3个苹果放进2个抽屉里,一定有一个抽屉里放了2个或2个以上的苹果.这个人所共知的常识就是抽屉原理在日常生活中的体现.用它可以解决一些相当复杂甚至无从下手的问题. 原理1:把多于n个的物体放到n个抽屉里,则至少有一个抽屉里有2个物体. 证明(反证法):如果每个抽屉至多只能放进一个物体,那么物体的总数至多是n,而不是题设的$n+k(k\geq 1)$,故不可能. 原理2:把多于mn个的物体放到n个抽屉里,则至少有一个抽屉里有不少于$(m+1)$个物体. 证明(反证法):若每个抽屉至多放进m个物体,那么n个抽屉至多放进mn个物体,与题设不符,故不可能. 原理3:把无穷多件物体放到n个抽屉,则至少有一个抽屉里有无穷个物体.

问题 ④

如图 10-12,证明:用 15 块大小是 4×1 的矩形瓷砖和一块大小是 2×2 的正方形瓷砖,不能恰好铺盖 8×8 的正方形地面.

【解析】

证法一:

如图 10-13,用间隔为两格且与副对角线平行的小格同色的染色方式,以黑白两种颜色将整个地面染色.显然,地面上黑、白格各有 32 个.

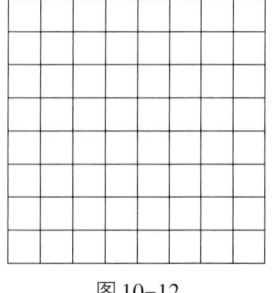

图 10-12

每一块 4×1 的瓷砖不论是横盖还是竖盖,也不论盖在何处,总是盖住二黑二白,又因为与副对角线平行的斜线上的格子总是同色,而与主对角线平行的斜线上的相邻两格总是异色,则不论怎样放置,一块 2×2 的瓷砖总是盖住三黑一白或三白一黑,于是 15 块 4×1 的瓷砖铺盖后还剩下两白格和两黑格,它不可能用一块 2×2 的瓷砖盖住.因此命题得证.

证法二:

如图 10-14,用 1,2,3,4 四种颜色按照如图那样染色使与主对角线平行的斜线上的格子保持同色,每种颜色各有 16 格.于是不论如何放置 4×1 的瓷砖,总是盖住四种颜色的格子各一格,而一块 2×2 的瓷砖盖住的四格中与主对角线平行的斜线上的两格总是同色,即一块 2×2 的瓷砖不论如何放置都不能同时盖住四种不同颜色的格子,而 15 块 4×1 的瓷砖铺盖后,剩下颜色 1,2,3,4 的格子各一个,它不可能用一块 2×2 的瓷砖盖住,因此命题得证.

图 10-13　　　　图 10-14

拓展应用

1. 口袋中有 20 个球,其中白球 9 个,红球 5 个,黑球 6 个.现从中任取 10 个球,使得白球不少于 2 个但不多于 8 个,红球不少于 2 个,黑球不多于 3 个,那么上述取法的种数是_____.

2. 由 0,1,2,6 能组成_____个没有重复数字的四位数.若将这些四位数从小到大排列,则 2016 是第_____个数.

3. 如图 10-15,图中所有长方形的面积之和是多少?

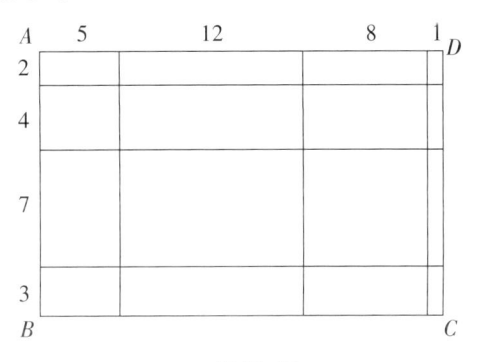

图 10-15

4. 有4个人聚会,每人各带了2件礼品,分赠给其余3个人中的2人.试证明:至少有两对人,每对人是互赠过礼品的.

5. 现有长度分别为$1,2,3,\cdots,9$的线段各一条,从中任选若干条,有多少种选法使它们能围成一个正方形?

6.设△ABC的最大边长为1,试求能将△ABC完全覆盖的圆的半径的取值范围.

正弦定理

正弦定理:$\dfrac{a}{\sin A}=\dfrac{b}{\sin B}=\dfrac{c}{\sin C}=2R$($R$为三角形的外接圆半径).

证明:如图10-16,连接BO并延长交圆于点D,连接CD,

则$\angle BCD=90°$,$\angle BDC=\angle BAC$,

在$Rt\triangle BCD$中,$\sin\angle BAC=\sin\angle BDC=\dfrac{BC}{BD}=\dfrac{BC}{2R}$,

$\therefore \dfrac{BC}{\sin A}=2R$,同理可得,$\dfrac{AC}{\sin B}=2R$,$\dfrac{AB}{\sin C}=2R$.

$\therefore \dfrac{a}{\sin A}=\dfrac{b}{\sin B}=\dfrac{c}{\sin C}=2R$.

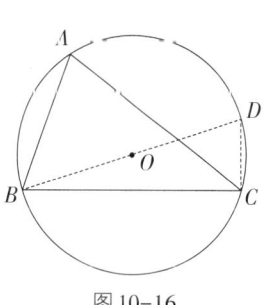

图10-16

第十一讲 概率与统计及其运用

《义务课程标准》指出:数据观念主要是指对数据的意义和随机性有比较清晰的认识. 知道数据蕴含着信息,能根据问题的背景和所要研究的问题确定数据收集、整理和分析的方法;知道可以用定量的方法描述随机现象的变化趋势及随机事件发生的可能性大小. 形成数据观念有助于理解和表达生活中随机现象发生的规律,感知大数据时代数据分析的重要性,养成重证据、讲道理的科学态度.

《高中课程标准》指出:数据分析是指针对研究对象获取数据,运用数学方法对数据进行整理、分析和推断,形成关于研究对象知识的素养. 数学分析过程主要包括:收集数据,整理数据,提取信息,构建模型,进行推断,获得结论. 数据分析是研究随机现象的重要数学技术,是大数据时代数学应用的主要方法,也是"互联网+"相关领域的主要数学方法,数据分析已经深入到科学、技术、工程和现代社会生活的各个方面.

由两个课程标准可以看出,初中阶段统计与概率领域包括"抽样与数据分析"和"随机事件的概率"两个主题,"抽样与数据分析"强调从实际问题出发,根据问题背景设计收集数据的方法,经历更加有条理地收集、整理、描述、分析数据的过程,利用样本平均数估计总体平均数,利用样本方差估计总体方差,体会抽样的必要性和数据分析的合理性;"随机事件的概率"强调经历简单随机事件发生概率的计算过程,尝试用概率定量描述随机现象发生的可能性大小,理解概率的意义. 统计与概率领域的学习,有助于学生感悟从不确定性的角度认识客观世界的思维模式和解决问题的方法,初步理解通过数据认识现实世界的意义,感知大数据时代的特征,发展数据观念和模型观念. 高中阶段则说明概率的研究对象是随机现象,为人们从不确定性的角度认识客观世界提供重要的思维模式和解决问题的方法,可以帮助学生结合具体实例,理解样本点、有限样本空间、随机事件,会计算古典概型中简单随机事件的概率,加深对随机现象的认识和理解;统计的研究对象是数据,核心是数据分析,可以帮助学生进一步学习数据收集和整理的方法、数据直观图表的表示方法、数据统计特征的刻画方法,通过具体实例,感悟在实际生活中进行科学决策的必要性和可能性,体会统计思维与确定性思维的差异、归纳推断与演绎证明的差异,通过实际操作、计算机模拟等活动,积累数据分析的经验.

概率的初高中衔接,需要引导学生通过古典概型认识样本空间,理解随机事件发生的含义,试验结果的有限性和每一个试验结果出现的等可能性,熟练掌握和运用初中阶段学习的树状图、列表的基本计数方法,计算古典概率中随机事件发生的概率.统计的初高中衔接,需要引导学生根据实际问题的需求,选择不同的抽样方法获取数据,理解数据蕴含的信息;根据数据分析的需求,选择适当的统计图表描述和表达数据,并从样本数据中提取需要的数字特征,估计总体的统计规律,解决相应的实际问题;熟练掌握初中阶段学习的总体、样本、样本量等基本概念,并利用平均值、方差等数字特征和直方图、散点图等数据直观图表进行数据分析.

衔接要点

初中阶段的概率部分主要学习随机事件的基本概念;频率与概率、古典概型,并学会计算基本事件的概率.初中阶段的统计部分主要学习常用的图形表示法(条形图、扇形图、折线图等)、平均数、中位数、众数等集中趋势度量指标,极差、方差和标准差等数据离散程度指标.高中概率与统计的主要知识点包括:随机事件和样本空间,概率的定义及其基本性质,条件概率及其应用,独立事件及其判定,抽样调查方法和误差估计,期望、方差以及标准差等统计量的计算,正态分布等概率分布的基本性质与应用.理解概率定义并计算基本事件概率(见题1),理解简单的条件概率和样本空间(见题2),熟练掌握数据的集中趋势的计算(见题3),理解和分析对数据进行分类、整合和可视化展示的频数分布直方图(见题4)等均为初高中衔接基本要求.

1. 掷一枚骰子,正面向上的点数是偶数的概率是( ).

A. $\dfrac{1}{2}$ B. $\dfrac{1}{3}$ C. $\dfrac{1}{4}$ D. $\dfrac{1}{6}$

【解析】

根据题意可得:掷一次骰子,正面向上的点数有6种情况,其中有3种为正面向上的点数是偶数,故其概率是 $\dfrac{3}{6}=\dfrac{1}{2}$.

故选:A.

2. 若"任选两个人,他俩的生日恰好是同一天"的概率为 P_1,"任选一人,他的生日恰好是10月1日"的概率是 P_2,如果不考虑闰年,则 P_1 ____ P_2(填">""="或"<").

【解析】

$P_1 = \dfrac{1}{365}, P_2 = \dfrac{1}{365}$,故填"=".

3. 一个球队所有队员的身高如下(单位:cm):178,180,181,182,176,183,176,180,183,175,182,185,181,185.则这个球队的队员平均身高是_____.

【解析】

以180 cm为基准,这14名队员的身高记为:-2,0,1,2,-4,3,-4,0,3,-5,2,5,1,5,这14名队员的平均身高为180+(-2+0+1+2-4+3-4+0+3-5+2+5+1+5)÷14=180+0.5=180.5 cm.

4. 如图11-1,已知样本容量为30,在样本频率分布直方图中,各小长方形的高之比 $AE:BF:CG:DH=2:4:3:1$,则从左到右第二小组频率为_____,频数为_____.

【解析】

∵各小长方形的高之比 $AE:BF:CG:DH=2:4:3:1$,

∴设 $AE=2k, BF=4k, CG=3k, DH=k$.

∵样本容量为30,

∴ $2k+4k+3k+k=30$,

解得 $k=3$,

∴第二小组的频数为 $4k=12$,它的频率为 $12÷30=0.4$.

故本题答案为:0.4;12.

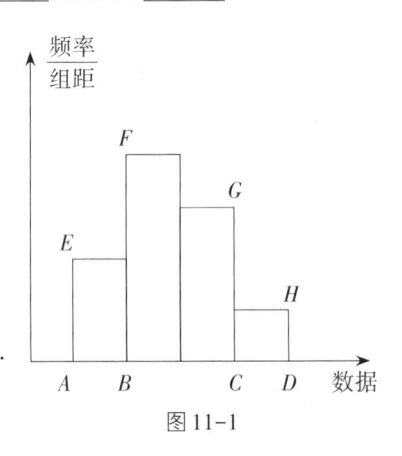

图11-1

问题探究

在衔接要点的探究中可以看到,概率统计涉及多样化数据的收集、整理、归纳与分析,这个过程需要极高的思维逻辑以及独立思考能力.在概率统计具体的运用过程中,你能对同一组数据进行不同角度的分析,并得到相应的结论吗?你能根据具体的情况读取、完善、分析频数分布直方图所含的信息吗?初中阶段,我们学习的均为"等可能"结果的概率问题(古典概率),当遇到有条件限制的问题时,你还能求出该问题的结果吗?在没有具体奖金的比赛中,若比赛意外中断,你能合理地分配相应的奖金吗?下面我们一起来探究吧!

问题 ❶

一次科技知识竞赛,两组学生成绩统计如下:

组别	分数(分)					
	50	60	70	80	90	100
甲组人数(人)	2	5	10	13	14	6
乙组人数(人)	4	4	16	2	12	12

已知算得两组的人均分都是80分,请你根据所学过的知识,进一步判断这两组学生这次竞赛中成绩谁优谁次,并说明理由.

【解析】

(1)甲组成绩的众数为90分,乙组成绩的众数为70分,从成绩的众数比较看,甲组成绩好些;

(2)$s_甲^2=172$,$s_乙^2=256$,因为$s_甲^2<s_乙^2$,所以从成绩的方差比较看,甲组成绩比乙组好;

(3)甲、乙两组成绩的中位数、平均数分别都是80分,其中,成绩在80分以上(包括80分)的甲组有33人、乙组有26人,所以从这一角度看,甲组的成绩总体较好;

(4)成绩高于90分(包括90分)的人数甲组有20人、乙组有24人,且满分乙组比甲组多6人,所以从这一角度看,乙组的成绩较好.

问题 ❷

某校为了了解初中毕业年级500名学生的视力情况,从中抽查了一部分学生视力,通过数据处理,得到如下频率分布表和频率分布直方图.

分组	频数	频率
3.95~4.25	2	0.04
4.25~4.55	6	0.12
4.55~4.85	25	
4.85~5.15		
5.15~5.45	2	0.04
合计		1.00

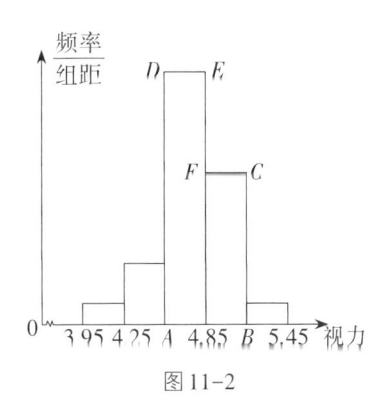

图 11-2

请你根据给出的图表完成下列问题:

(1)总体是什么?样本容量是多少?

(2)填写频率分布表中未完成部分的数据;

(3)连接CD,求在频率分布直方图中梯形ABCD的面积;

(4)用样本估计总体,可以得到哪些信息?(写一条即可)

【解析】

(1) 500 名学生的视力情况, 50;

(2) 如下表:

分组	频数	频率
3.95~4.25	2	0.04
4.25~4.55	6	0.12
4.55~4.85	25	0.5
4.85~5.15	15	0.3
5.15~5.45	2	0.04
合计	50	1.00

(3) 频率分布直方图中梯形 $ABCD$ 的面积=长方形 $ASED$ 的面积+长方形 $SFCB$ 的面积=0.5+0.3=0.8;

(4) 本题答案不唯一,只要是根据频率分布表或频率分布直方图的有关信息,并且用样本估计总体所反映的结论都是合理的. 例如,该校初中毕业年级学生视力在 4.55~4.85 的人数最多,约 250 人;该校初中毕业年级学生视力在 5.15 以上的与视力在 4.25 以下的人数基本相等,各有 20 人左右;等等.

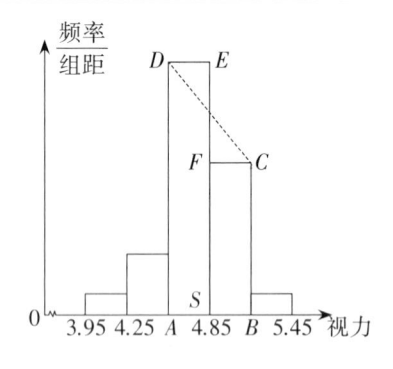

问题 ③

甲罐中有 5 个黑球、2 个白球、3 个绿球,乙罐中有 3 个黑球、4 个白球、2 个绿球. 现从甲罐中取出一个球放入乙罐中,然后再从乙罐中取出一个球,问这个球是白球的概率是多少?

【解析】

分两种情况讨论:

① 如果从甲罐取出放入乙罐中的球是白色的,此时乙罐中 10 个球有 5 个是白色的,由乘法原理得,再从乙罐中取出一个,这个球是白球的概率 $P_1=\dfrac{2}{5+2+3}\times\dfrac{4+1}{3+4+2+1}=\dfrac{1}{10}$;

② 如果从甲罐取出放入乙罐中的球不是白色的,此时乙罐中 10 个球有 4 个是白色的,由乘法原理得,再从乙罐中取出一个球,这个球是白球的概率 $P_2=\dfrac{5+3}{5+2+3}\times\dfrac{4}{3+4+2+1}=\dfrac{8}{25}$.

综上,由加法原理得,所求的概率 $P=P_1+P_2=\dfrac{1}{10}+\dfrac{8}{25}=\dfrac{21}{50}$.

问题 ❹

某市围棋协会组织该市的两位高手进行对抗赛,规定先胜5局者获胜,奖金10万元.按这两位棋手以往的战绩估计,两人每取胜一局的机会是相等的.当比赛进行了7场时,甲、乙两人的战况是4:3,但由于意外情况比赛无法再继续,协会决定按现有的比赛成绩分配这10万元奖金,你认为他俩应该各得多少奖金?(注:围棋比赛没有和棋结局)

【解析】

如果比赛继续而乙想要获胜,则乙必须连胜两局,概率为 $\frac{1}{2} \times \frac{1}{2} = \frac{1}{4}$,其他情况都是甲获胜,概率为 $1 - \frac{1}{4} = \frac{3}{4}$,

∴甲应该分得7.5万元,乙应该分得2.5万元.

拓展应用

1. 向面积为S的△ABC内任投一点P,则△PBC的面积小于$\frac{S}{2}$的概率为(   )

A. $\frac{1}{4}$ B. $\frac{1}{2}$ C. $\frac{2}{3}$ D. $\frac{3}{4}$

2. 某校为了了解学生课外阅读情况,随机调查了50名学生,得到他们在某一天各自课外阅读所用时间的数据,结果用如图11-4所示的条形统计图表示.根据条形统计图可得这50名学生这一天平均每人的课外阅读时间为(   )

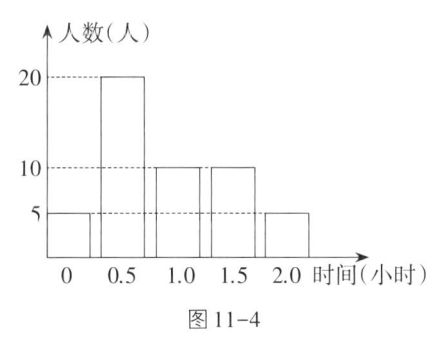

图11-4

A. 0.8小时   B. 0.9小时   C. 1小时   D. 1.1小时

3. 在一次歌手大赛上,七位评委为歌手打出的分数如下:9.4,8.4,9.4,9.9,9.6,9.4,9.7.去掉一个最高分和一个最低分后,所剩数据的方差为_____.

4. 三人相互传球,由甲开始发球,并作为第一次传球.

(1)用列表或画树状图的方法求经过3次传球后,球仍回到甲手中的概率是多少?

(2)由(1)进一步探索:经过4次传球后,球仍回到甲手中的不同传球的方法共有多少种?

(3)就传球次数 n 与球分别回到甲、乙、丙手中的可能性大小,提出你的猜想(写出结论即可).

5. 若 $x_1, x_2, \cdots, x_n$ 的平均数是 $\bar{x}$,方差是 s^2,a,b 是常数.
求:(1) $ax_1+b, ax_2+b, \cdots, ax_n+b$ 的平均数 $\overline{x'}$;
(2) $ax_1+b, ax_2+b, \cdots, ax_n+b$ 的方差 s'^2.

6. 如图 11-5,设棋子在正四面体 $ABCD$ 的表面从一个顶点移向另外三个顶点是等可能的.现投掷骰子,根据其点数决定棋子是否移动,若投出的点数是奇数,则棋子不动;若投出的点数是偶数,则棋子移动到另一个顶点.已知棋子的初始位置在顶点 A,回答下列问题:

(1)投了 2 次骰子,棋子才到达顶点 B 的概率是多少?
(2)投了 3 次骰子,棋子恰巧在顶点 B 的概率是多少?

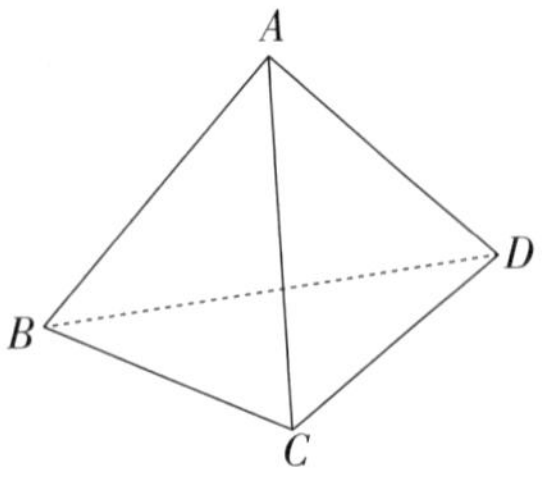

图 11-5

第十二讲 简单的数论知识

《义务课程标准》指出：推理能力主要是指从一些事实和命题出发，依据规则推出其他命题或结论的能力．理解逻辑推理在形成数学概念、法则、定理和解决问题中的重要性，初步掌握推理的基本形式和规则；对于一些简单问题，能通过特殊结果推断一般结论；理解命题的结构与联系，探索并表述论证过程；感悟数学的严谨性，初步形成逻辑表达与交流的习惯．推理能力有助于逐步养成重论据、合乎逻辑的思维习惯，形成实事求是的科学态度与理性精神．

《高中课程标准》指出：逻辑推理是指从一些事实和命题出发，依据规则推出其他命题的素养．主要包括两类：一类是从特殊到一般的推理，推理形式主要有归纳、类比；一类是从一般到特殊的推理，推理形式主要有演绎．逻辑推理是得到数学结论、构建数学体系的重要方式，是数学严谨性的基本保证，是人们在数学活动中进行交流的基本思维品质．

由两个课程标准可以看出，无论是义务教育还是高中教育，对于逻辑推理素养的培养都是重中之重，根据其推理类型将逻辑推理素养划分为演绎推理和合情推理．新课标要求适当加强代数推理，理由如下：一是代数推理比几何推理更为基本、纯粹，也有更多的应用，特别是高中阶段的数学学习需要借助大量的代数推理；二是加强代数推理有助于学生理解代数及其运算的意义；三是小学阶段对符号意识和推理意识的培养为初中阶段的代数推理提供了一些准备．数论主要是研究整数性质和方程（组）整数解．它不但有悠久的历史，而且至今仍有强大的生命力，素有"数学皇后"之美称，高斯曾这样称赞道："数学是科学的女皇，数论是数学的女皇．"数论问题叙述简明，可以从经验中归纳出来，看起来容易，但要证明它却不是一件容易的事．同时，初等数论的特点是理论易学，题目难做，技巧性强，所以初等数论的内容就是培养学生思维能力的一个很好的载体，通过讲解数论问题，引导学生从不同角度、不同方法寻求多种解题途径，在解题过程中提出问题和解决问题，从而激发和培养学生的逻辑推理能力．

中小学数学一个重要的内容就是算术问题,尤其是小学数学中的整数,涉及一些问题与初等数论息息相关,例如整除、不定方程、奇数与偶数、质数与合数、检查因数的方法等. 如"鸡兔同笼"问题其实就是初等数论中的不定方程问题. 同时,整除理论、质数与合数、最大公约数与最小公倍数、同余方程、不定方程等教学内容与中学联系较为紧密,也是中学数学竞赛的考试要点. 因此,在数论的初高中衔接侧重于介绍新概念、新方法和新结论及其证明时,应注意将新知识和学生已有的知识进行联系,降低学生的认知难度. 例如,剩余类的概念与运算比较抽象,可将剩余类的运算和性质与数的运算和性质联系起来;探究同余式的性质时与学生熟悉的等式的性质联系起来;引入一次同余方程时可与学生熟悉的一次方程联系起来;等等.

衔接要点

我们对数论的相关知识并不陌生,从小学开始就接触到整除性质、最大公约数和最小公倍数以及质数和合数,初中阶段学习了不定方程和因式分解,高中阶段将涉及素数分布定理、模运算和同余方程、带余除法等知识. 在初高中衔接内容上,选取典型的数论问题,如质数与合数(见题1)、不定方程(见题2)、因式分解(见题3)和整除问题(见题4)来提高学生的逻辑思维能力和数学推理能力,培养他们解决问题的方法和策略,同时也可以加深他们对数学概念及其应用的认识.

1. 若 a,b 均为质数,且满足 $a^{11}+b=2089$,则 $49b+a=$ _____.

【解析】

∵ a,b 均为质数,且满足 $a^{11}+b=2089$,

又∵ a^{11} 和 a 奇偶性相同,2089是奇数,则 a^{11} 和 b 中有一个数是偶数,

① 当 $b=2$,$a^{11}=2087$,

没有一个质数满足 $a^{11}=2087$,∴ 这种情况不成立;

② 当 $a=2$,$b=2089-2^{11}$,即 $b=41$,∴ $49b+a=2011$.

故答案为:2011.

2. 已知直角三角形的三边长都是整数,且其面积与周长在数值上相等,若将全等的三角形都作为同一个,那么这样的直角三角形的个数是_____个.

【解析】

设两条直角边为 a,b,斜边为 c,

则面积 $S=\dfrac{1}{2}ab$,周长 $l=a+b+c$,$a^2+b^2=c^2$.

又∵$2ab=(a+b)^2-(a^2+b^2)=(a+b)^2-c^2=(a+b+c)(a+b-c)$,

∴$\frac{1}{2}ab=\frac{1}{4}(a+b+c)(a+b-c)$.

∵$\frac{1}{2}ab=a+b+c$,

∴$\frac{1}{4}(a+b-c)=1$,

∴$a+b-c=4$,

∴$a^2+b^2=c^2=(a+b-4)^2=a^2+b^2+16-8a-8b+2ab$,

∴$16-8a-8b+2ab=0$,

即$ab-4a-4b+8=0$,

即$(a-4)(b-4)=8$.

又∵边长为整数,

∴$a-4=1,2,4,8,-1,-2,-4,-8$,

∴$a=5,6,8,12,3,2,0,-4$.

又∵$a>0$,

∴$a=5,6,8,12,2,3$,

∴$b=12,8,6,5,0,-4$.

又∵a,b,c都是整数,

∴有两种直角三角形,分别是6,8,10和5,12,13.

故答案为2.

3. 设x为任意实数,如果多项式x^3+px^2+q中含有2个因式$x-1$和$x-2$,则实数$p=$_____,$q=$_____.

【解析】

方法一:取值法

设$x^3+px^2+q=A(x-1)(x-2)$(其中A为整式),

∴取$x=1$,得$1+p+q=0$,①

∴取$x=2$,得$8+4p+q=0$,②

由①②解得$p=-\frac{7}{3},q=\frac{4}{3}$.

方法二:待定系数法

对任意实数x均有等式$x^3+px^2+q=(x-1)(x-2)(x-m)=x^3-(m+3)x^2+(3m+2)x-2m$,成立,

则有 $\begin{cases} p=-(m+3) \\ 0=3m+2 \\ q=-2m \end{cases}$,解得 $p=-\dfrac{7}{3}, q=\dfrac{4}{3}$.

4. 有一个四位数 $N=\overline{(a+1)a(a+2)(a+3)}$,它的千位是 $a+1$,百位为 a,十位为 $a+2$,个位为 $a+3$,它是一个完全平方数,则 a 的值为_____.

【解析】

设 $N=\overline{(a+1)a(a+2)(a+3)}=m^2$,则

$m^2=1000(a+1)+100a+10(a+2)+(a+3)=1111a+1023=11(101a+93)$.

∵11是质数,∴11|(101a+93),而 $101a+93=11(9a+8)+(2a+5)$,

∴11|(2a+5),由题意 $a+3\leq 9$,故 $a\leq 6$,从而 $a=3$.

整除符号
整除符号"|".   ①若整数 b 除以非零整数 a,商为整数,且余数为零,就说 b 能被 a 整除或说 a 能整除 b,b 为被除数,a 为除数,记作 $a\|b$,"|"是整除符号,读作 a 整除 b 或 b 能被 a 整除.a 叫作 b 的约数或因数,b 叫作 a 的倍数.   ②±2是所有以0,2,4,6,8结尾的整数的因数.±4是最后两位数可以被4除尽的整数的因数.±8是最后三位数可以被8除尽的整数的因数.±5是最后一位数为0或5的整数的因数.±10是最后一位数为0的整数的因数.±2^n 是最后 n 位数可以被 2^n 除尽的整数的因数.±5^n 是最后 n 位数可以被 5^n 除尽的整数的因数.±10^n 是最后 n 位数字全为0的整数的因数.   ③当两个整数除以同一个整数,若得相同余数,则称两整数同余.余数系统亦即模 n 同余类的代表数的集合,完整余数系统指的是模 n 的全部同余类的代表数的集合.

问题探究

在衔接要点探究的数论问题,难度相对较小,我们继续来探究难度较大的数论问题.如果取三个连续的整数3,4,5,他们的立方分别为27,64,125,三个数的立方和为216,可以被9整除,那么是否任意的三个连续的自然数的立方和也能被9整除,如果能,你能证明吗? 在101枚硬币中有50枚假硬币(真假硬币质量相差1克),你能用数学推理的方法来证明"只需要使用一次天平就能判定指定的一枚硬币的真假"吗? 相信二元一次不定方程的整数解问题难不倒你,那么你能求出三元二次不定方程的整数解的个数吗? 韩信是汉代著名的将军,在《孙子算经》里记载了"韩信点兵"的问题,你能尝试解决该问题吗? 下面我们一起来探究吧!

问题 ❶

求证:三个连续自然数的立方和能被9整除.

【解析】

设这三个自然数分别是 $a-1, a, a+1$.

则 $(a-1)^3+a^3+(a+1)^3=3a^3+6a=3a(a^2+2)$,

①$a=3n$,则原式可被9整除;

②$a=3n+1$,$3a$可被3整除,$a^2+2=9n^2+6n+3=3(3n^2+2n+1)$也可被3整除;

③$a=3n+2$,$a^2+2=9n^2+12n+6=3(3n^2+6n+2)$也可被3整除.

故三个连续自然数的立方和能被9整除.

问题 ❷

在101枚硬币中有50枚是假的(真假硬币质量相差1克).现有一架天平,它的箭头能指出天平左右两盘质量的差值.试证:使用天平一次就能判定出指定的一枚硬币的真假.

【解析】

将其余的100枚硬币平均分放在天平的左右两个盘中,并求出它们的差值.为叙述方便,设真硬币每枚为m克,假硬币每枚为$(m-1)$克或$(m+1)$克.

如果这枚硬币是真的,左右两盘质量之差是偶数.这是因为此时其余50枚硬币是假的,50枚是真的,若左盘中有k个假硬币,$(50-k)$个真硬币,则右盘中有k个真硬币,$(50-k)$个假硬币.当假硬币每枚为$(m-1)$克时,左右两盘质量之差为$[(m-1)k+(50-k)m]-[(50-k)(m-1)+km]=50-2k$(克),显然这是一个偶数;当假硬币为$(m+1)$克时,亦然.

如果这枚硬币是假的,左右两盘质量之差是奇数.这是因为此时其余硬币中有49枚是假的.若左盘中有k个假硬币,则右盘中有$(49-k)$个假硬币,左右两盘质量之差为$(49-2k)$克或$(2k-49)$克,这是一个奇数.

综上所述:在天平的箭头指出的差值是奇数时,我们可判定指定的硬币是假的;差值是偶数时,指定的硬币是真的.

问题 ❸

求解:方程 $x^2+y^2+z^2=2016$ 的整数解的个数.

【解析】

∵ 2016是4的倍数,

∴可以判断x,y,z为2的倍数,两边同时除以4,得$\left(\dfrac{x}{2}\right)^2+\left(\dfrac{y}{2}\right)^2+\left(\dfrac{z}{2}\right)^2=504$,

同理可得,$\dfrac{x}{2},\dfrac{y}{2},\dfrac{z}{2}$为2的倍数,两边同时除以4,得$\left(\dfrac{x}{4}\right)^2+\left(\dfrac{y}{4}\right)^2+\left(\dfrac{z}{4}\right)^2=126$.

∵ $126=(\pm1)^2+(\pm2)^2+(\pm11)^2=(\pm1)^2+(\pm5)^2+(\pm10)^2=(\pm3)^2+(\pm6)^2+(\pm9)^2$,

∴有3种x,y,z情况:

若$\left(\dfrac{x}{4}\right)^2+\left(\dfrac{y}{4}\right)^2+\left(\dfrac{z}{4}\right)^2=(\pm1)^2+(\pm2)^2+(\pm11)^2$,共$3!=3\times2\times1=6$种排列情况,其中每种情况每个数对应正负两个值,即每种情况有$2^3=8$组解,共计$6\times8=48$组解.

综上所述,共有$3\times6\times8=144$组解.

问题 ④

今有物不知其数,三三数之剩二,五五数之剩三,七七数之剩二,问物几何?按照今天的话来说:一个数除以3余2,除以5余3,除以7余2,求这个数最小是多少.(出自我国古代数学名著《孙子算经》,俗称"韩信点兵")

【解析】

解:先列出除以3余2的数:2,5,8,11,14,17,20,23,26,…

再列出除以5余3的数:3,8,13,18,23,28,…

这两列数中,首先出现的公共数是8.

3与5的最小公倍数是15,两个条件合并成一个就是8+15×整数,列出这一串数是8,23,38,…,再列出除以7余2的数2,9,16,23,30,…就得出符合题目条件的最小数是23.

事实上,该数满足被105除余23.

中国剩余定理
中国剩余定理又称孙子定理,数学著作《孙子算经》卷下第二十六题,叫作"物不知数"问题,原文如下:今有物不知其数,三三数之剩二,五五数之剩三,七七数之剩二.问物几何?即:一个整数除以三余二,除以五余三,除以七余二,求这个整数.《孙子算经》中首次提到了同余方程组问题,以及以上具体问题的解法,因此在中文数学文献中也会将中国剩余定理称为"孙子定理".其实,南宋数学家秦九韶在其著作《数书九章》中,系统地提出并证明了这一类问题的解法,因此这个定理也可以称为"孙子秦九韶定理".

中国剩余定理

明朝数学家程大位将解法编成易于上口的《孙子歌诀》：

三人同行七十稀,五树梅花廿一支,七子团圆正半月,除百零五使得知.

这个歌诀给出了模数为3,5,7时的同余方程的秦九韶解法.意思是:将除以3得到的余数乘以70,将除以5得到的余数乘以21,将除以7得到的余数乘以15,全部加起来后除以105(或者105的倍数),得到的余数就是答案.比如说在以上的"物不知数"问题里面,按歌诀求出的结果就是23.

例:一个数被5除余2,被6除余4,被7除余3,这个数最小是多少?

解:第一步,判断5,6,7两两互余;

第二步,计算5,6,7的最小公倍数,得5×6×7=210;

第三步,计算各除数的逆元.将5去掉,计算6×7=42,42÷5=8……2,将余数2适当地扩大倍数,使除以5的余数是1,很显然这个倍数是3,也就是逆元是3;将6去掉,计算5×7=35,35÷6=5……5,将余数5适当地扩大倍数,使除以6的余数是1,很显然这个倍数是5,也就是逆元是5;将7去掉,计算5×6=30,30÷7=4……2,将余数2适当地扩大倍数,使除以7的余数是1,很显然这个倍数是4,也就是逆元是4;

第四步:将最小公倍数210分别除以5,6,7的商与逆元和余数相乘,然后将各个结果相加,再除以最小公倍数所得的余数即为所求.计算42×3×2+35×5×4+30×4×3=1312,1312÷210=6……52,因此这个数最小就是52.

拓展应用

1. 满足等式 $1983=1982x-1981y$ 的一组自然数是(　　)

A. $\begin{cases} x=12785 \\ y=12768 \end{cases}$　　B. $\begin{cases} x=12784 \\ y=12770 \end{cases}$　　C. $\begin{cases} x=11888 \\ y=11893 \end{cases}$　　D. $\begin{cases} x=1947 \\ y=1945 \end{cases}$

2. 设 n 为正整数,问: $n(n+1)(n+2)$ 是否一定是12的倍数?

3. 解方程 $x^3+2x^2-x-2=0$.

4. 已知质数 p 使得 p^3-6p^2+9p 恰有 30 个正因数, 则 p 的最小值为多少?

5. 求方程 $3x^2+7xy-2x-5y-35=0$ 的正整数解.

6. 求方程 $x^2+y^2+z^2=2xyz$ 的整数解.

衔接训练

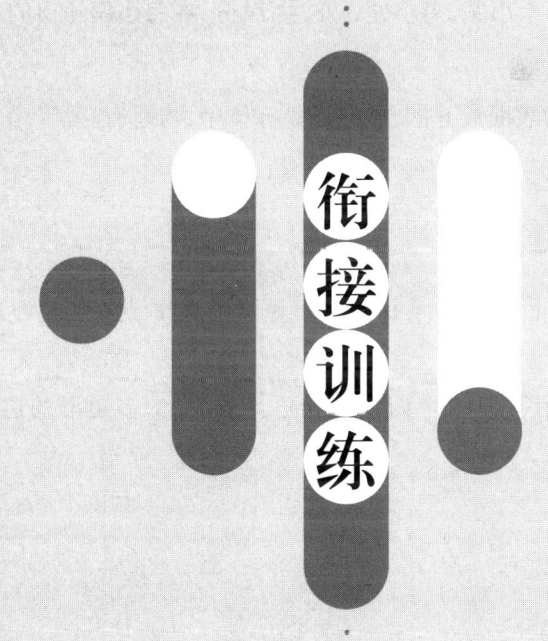

衔接训练(一)

时间：90 min 满分：100分

一、选择题(本大题共8个小题，每小题3分，共24分.在每小题给出的四个选项中，有且只有一项符合题目要求)

1. 如图是一个正方体的表面展开图，则在该正方体中，与写有"爱"字一面相对的另一面写有字(　　)

   A. 深　　　　　　　　B. 高
   C. 集　　　　　　　　D. 团

2. 某股票开盘时每股 a 元，先上升了10%，后又下降了10%，此时为每股 b 元，则(　　)

   A. $a>b$　　　B. $a<b$　　　C. $a=b$　　　D. a,b 的大小关系不确定

3. 若一个凸多边形有且只有三个内角是钝角，则这样的多边形的边数的最大值是(　　)

   A. 5　　　　B. 6　　　　C. 7　　　　D. 8

4. 方程 $x^2-2x=-\dfrac{1}{x}$ 的正根有(　　)

   A. 0个　　　B. 1个　　　C. 2个　　　D. 3个

5. 已知一次函数 $y=k_1x+b_1$ 和 $y=k_2x+b_2$ 的图象如图所示，则(　　)

   A. $k_1>k_2$ 且 $b_1>b_2$
   B. $k_1>k_2$ 且 $b_1<b_2$
   C. $k_1<k_2$ 且 $b_1>b_2$
   D. $k_1<k_2$ 且 $b_1<b_2$

6. 已知二次函数 $y=x^2+2mx-n^2$ 的图象经过点 $(1,1)$，若记 $m,n+4$ 两数中的较大者为 P，则 P 的最小值是(　　)

   A. 0　　　　B. 2　　　　C. 4　　　　D. 8

7. 甲、乙、丙、丁四人做相互传球游戏，第一次甲传给其他三人中的一人，第二次由拿到球的人再传给其他三人中的一人，这样的传球共进行了4次，则第四次仍传回到甲的概率是(　　)

   A. $\dfrac{1}{3}$　　　B. $\dfrac{7}{27}$　　　C. $\dfrac{21}{64}$　　　D. $\dfrac{27}{64}$

8. 若直角三角形的一条直角边长为12,另两条边长均为整数,则符合这样条件的直角三角形共有( )

A.1个　　　　B.2个　　　　C.3个　　　　D.4个

二、填空题(本大题共6个小题,每小题4分,共24分)

9. 如图,A是半径为1的圆O外一点,$OA=2$,AB是圆O的切线,B为切点,弦BC//OA,连接AC,则阴影部分的面积等于_____.

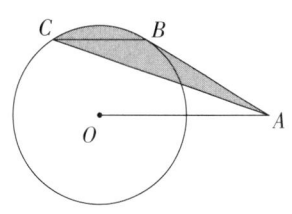

10. 如果$\sqrt{1+4x(1+x)}+2|x|=1$,则实数x的取值范围是_____.

11. 设O是$\triangle ABC$的内心,AO交BC于点D,若$BC=a$,$\triangle ABC$的周长为l,则用a,l表示比值$\dfrac{AO}{OD}=$_____.

12. 已知x_1,x_2,x_3的算术平均数为68,方差为25,则$2x_1-1,2x_2-1,2x_3-1$的算术平均数为_____,方差为_____.

13. 在直角坐标系中,x轴上的动点P到两定点$A(5,5),B(2,1)$的距离之和的最小值是_____,相应的点P的横坐标$x=$_____.

14. 如果将正整数按下面规律构成一个数表,则2008是该数表中的第_____行,第_____个数.

```
第1行    1
第2行    2  3
第3行    4  5  6
第4行    7  8  9  10
第5行    11 12 13 14 15
         ……       ……
```

三、解答题(本大题共6个小题,共52分.解答须写出文字说明、证明过程和演算步骤)

15.(本小题8分)

如图,在Rt$\triangle ABC$中,$\angle C=90°$,$\sin B=\dfrac{3}{5}$,点D在BC上,且$\angle ADC=45°$,$DC=6$,求$\tan\angle BAD$的值.

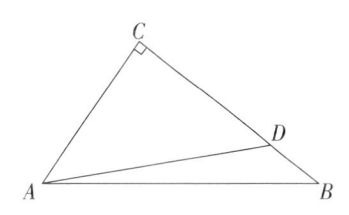

16.(本小题8分)

一项工程,若甲先工作3天后,甲、乙两人再共同工作1天恰好完工.问甲单独完成该项工程需要几天?乙单独完成该项工程需要几天?

17.(本小题8分)

如图,在正方形 $ABCD$ 中, E,F 为 BC,CD 上的点,且 $\angle EAF=45°$.
求证: $EF=BE+DF$.

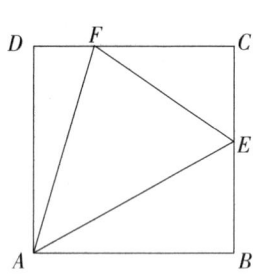

18.(本小题8分)

已知 x,y,z 均为非负实数,且满足 $x+2y-z=6, x-y+2z=3$,求 $x^2+y^2+z^2$ 的最大值和最小值,及相应的 x,y,z 的取值.

19.（本小题10分）

已知在$\triangle ABC$中，$AH \perp BC$，$HE \perp AB$，$HF \perp AC$，垂足分别为点H、E、F．若$EF=7$，且$\triangle ABC$的外接圆$\odot O$的半径为6，求$\triangle ABC$的面积．

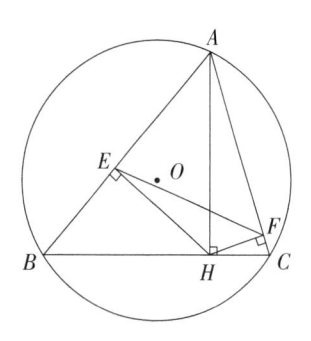

20.（本小题10分）

设二次函数$y=x^2+ax+b$（其中a，b是整数）．如果对于所有的整数x，都有$y>0$，问：是否有可能存在这样的实数x_0，使得$y_0=x_0^2+ax_0+b<0$？若可能存在，请你构造一个符合要求的二次函数；若不可能存在，请证明你的结论．

衔接训练(二)

时间:90 min　　满分:100分

一、选择题(本大题共10个小题,每小题3分,共30分.在每小题给出的四个选项中,有且只有一项符合题目要求)

1. 方程 $x^2-x-2=0$ 的两个解是(　　)

A. $x_1=1, x_2=2$　　　　　　　　B. $x_1=1, x_2=-2$

C. $x_1=-1, x_2=2$　　　　　　　　D. $x_1=-1, x_2=-2$

2. 如图,点 A 在函数 $y=-\dfrac{12}{x}(x<0)$ 的图象上,过点 A 作 AE 垂直 x 轴,垂足为 E,过点 A 作 AF 垂直 y 轴,垂足为点 F,则矩形 $AEOF$ 的面积是(　　)

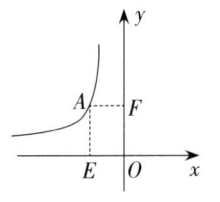

A. 4　　　　　　　　　　　B. 6

C. 12　　　　　　　　　　D. 不能确定

3. 二次函数 $y=ax^2+bx+c$ 的图象如图所示,则点 $P(ac, b)$ 所在象限是(　　)

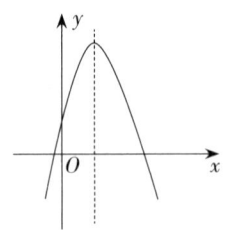

A. 第一象限　　　　　　　B. 第二象限

C. 第三象限　　　　　　　D. 第四象限

4. 已知 $\dfrac{3}{x^2+3x}-x^2=3x+2$,则 x^2+3x 的值为(　　)

A. 1　　　　　　　　　　B. -3 和 1

C. 3　　　　　　　　　　D. -1 或 3

5. 用大小和形状完全相同的小正方体木块搭成一个几何体,使得它的正视图和俯视图如图所示,则搭成这样的一个几何体至少需要小正方体木块的个数为(　　)

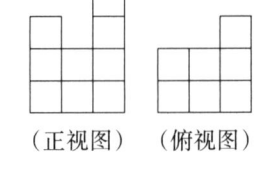

A. 22 个　　　　　　　　B. 19 个

C. 16 个　　　　　　　　D. 13 个

6. 平面内的 4 条直线任意两条都相交,把平面分成的区域数最多有 m 个,最少有 n 个,则 $m+n$ 等于(　　)

A. 18　　　　　　　　　B. 19

C. 20　　　　　　　　　D. 21

7. 如图，△ABC是边长为3的等边三角形，半径为1的⊙O切BC于点C，若将⊙O在CB上向右滚动，则当滚动到⊙O与AB也相切时，圆心O移动的水平距离为(　　)

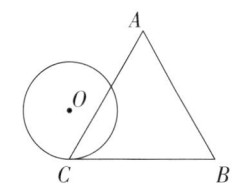

A.2　　B.$2\sqrt{3}$

C.$3-\dfrac{\sqrt{3}}{3}$　　D.$3-\sqrt{3}$

8. 在△ABC中，点P,Q分别在AB,AC上，且$\dfrac{BP}{PA}+\dfrac{CQ}{QA}=1$，则PQ一定经过△ABC的(　　)

A. 垂心　　B. 外心　　C. 重心　　D. 内心

9. 如图，四边形ABCD是平行四边形，点E,F分别是边AB,CD上的点，AF与DE相交于点P，BF与CE相交于点Q，若$S_{\triangle APD}=15$ cm², $S_{\triangle BQC}=25$ cm²，则阴影部分的面积为(　　)

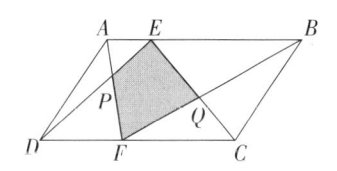

A.40 cm²　　B.30 cm²

C.80 cm²　　D. 55 cm²

10. 如图，在△ABC中，BC=2，△ABC的面积为2，在BA上$D_1,D_2,\cdots,D_k$为等分点，过这k个点分别作△ABC的内接矩形$D_1E_1F_1G_1,D_2E_2F_2G_2,\cdots,D_kE_kF_kG_k$，这k个内接矩形的周长分别为$L_1,L_2,\cdots,L_k$，则$L_1+L_2+\cdots+L_k$的值为(　　)

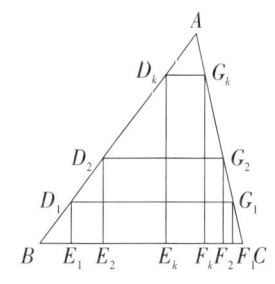

A.4k　　B.2k

C.8k　　D. 无法确定，与△ABC的形状有关

二、填空题(本大题共8个小题，每小题3分，共24分)

11. 化简$|\pi-4|$的结果是_____.

12. 已知3,a,b,c,d这五个数据，其中a,b是方程$x^2-3x+2=0$的两个根，c,d是方程$x^2-9x+20=0$的两个根，则这五个数据的标准差是_____.

13. 如图所示，P是边长为1的正三角形ABC的BC边上一点，从P向AB作垂线PQ，Q为垂足. 延长QP与AC的延长线交于R，设$BP=x(0\leq x\leq 1)$，△BPQ与△CPR的面积之和为y，则y与x的关系式是_____.

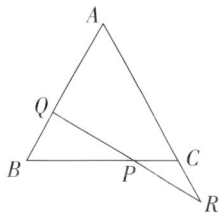

14. 函数$y=|x-2|+|x-1|$的最小值是_____.

15. 如图，在△ABC中，$AB=AC=2$，$BC=2\sqrt{2}$，分别以点A，B，C为圆心，以1为半径画弧，则三条弧与边BC围成的图形(图中阴影部分)的面积是_____.

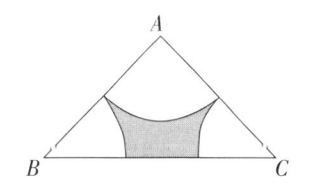

16. 设$[x]$表示不超过x的最大整数(例如:$[2.3]=2$,$[-1.5]=-2$),则方程$2x-[x]-4=0$的解为_____.

17. 如图,正方形$ABCD$的边长为4,菱形$AEFG$的边长为1,$\angle GAE=60°$.如果菱形$AEFG$绕点A旋转,那么C,F两点之间的最小距离为_____.

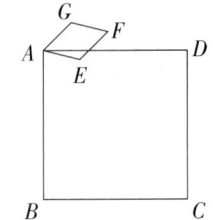

18. 如果方程$x^2-4|x|+5-m=0$有4个互不相等的实数根,则m的取值范围是_____.

三、解答题(本大题共5个小题,共46分.解答须写出文字说明、证明过程和演算步骤)

19. (本小题6分)

先化简再求值:$\left(\dfrac{a-2}{a^2+2a}-\dfrac{a-1}{a^2+4a+4}\right)\div\dfrac{a-4}{a+2}$,其中$a$满足$a^2+2a-1=0$.

20. (本小题9分)

如图,已知正方形$ABCD$,直线AG分别交BD,CD于点E,F,交BC的延长线于点G,点H是线段FG的中点.

(1)求证:以线段EH为直径的圆经过点C;

(2)如果$EF=FH$,试求$\tan\angle G$的值.

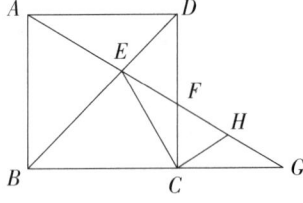

21.(本小题9分)

把几个数用大括号围起来,中间用逗号断开,如:{1,3,$\sqrt{2}$},{-2,7,8,19},我们称之为集合,其中的数称其为集合的元素.相同的数在集合中只能出现一次,两集合所含的元素全部相同,则为同一个集合.

如果一个集合满足:当实数a是集合的元素时,实数$6-a$也必是这个集合的元素,这样的集合我们称为"实验"集合.

(1)请你判断集合{1,2},{1,3,5}是不是"实验"集合?

(2)请你写出集合中元素x都是整数,且满足$|x|<6$的所有"实验"集合,并回答这些"实验"集合共有多少个;

(3)已知一个集合是"实验"集合,且这个集合中有2013个元素,试求这个集合的所有元素的和.

22.(本小题10分)

如图,已知点M,N的坐标分别为$(0,1),(0,-1)$,点P是二次函数$y=\dfrac{1}{4}x^2$图象上的一个动点.

(1)求证:以点P为圆心,PM为半径的圆与直线$y=-1$相切;

(2)设直线PM与二次函数$y=\dfrac{1}{4}x^2$图象的另一个交点为点Q,连接NP,NQ,求证:$\angle PNM=\angle QNM$.

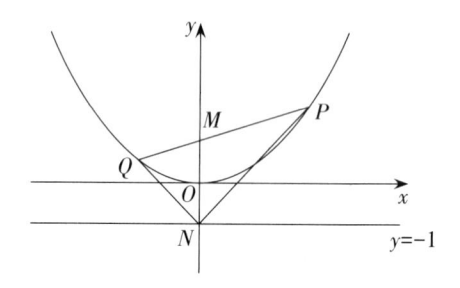

23.(本小题12分)

如图,二次函数$y=ax^2+bx+c(a<0)$的图象经过点$A(4,-6)$,与y轴相交于点$B(0,-2)$,与x轴相交于C,D两点.已知$\triangle ACD$的面积为3,点P为线段CD上的动点.

(1)求实数a,b,c的值;

(2)试判断$PA+PB$与$CA+CB$的大小关系,并说明理由;

(3)过点P作$PM//BC$交AC于点M,连MD,设P点的坐标为$(t,0)$,$\triangle PMD$的面积为S,求S与t的函数关系式;

(4)在(3)的基础上,S是否存在最大值?若存在,请求出S的最大值,并求出此时点P的坐标;若不存在,请说明理由.

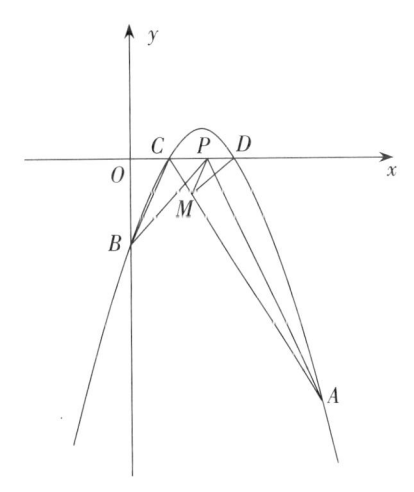

衔接训练（三）

时间：90 min 满分：100分

一、选择题（本大题共10个小题，每小题3分，共30分.在每小题给出的四个选项中，有且只有一项符合题目要求）

1. 化简 $\sqrt{3-2\sqrt{2}}+\sqrt{6-4\sqrt{2}}$ 的结果是（　　）

   A. $\sqrt{3-4\sqrt{2}}$ B. $\sqrt{3}-2\sqrt{2}$ C. 1   D. $3-2\sqrt{2}$

2. 设 $x=\dfrac{\sqrt{5}-3}{2}$，则代数式 $x(x+1)(x+2)(x+3)$ 的值为（　　）

   A. 0   B. 1   C. -1   D. 2

3. 如果多项式 $p=a^2+2b^2+2a+4b+2014$，则 p 的最小值是（　　）

   A. 2011   B. 2012   C. 2013   D. 2014

4. 设 $a^2+1=3a, b^2+1=3b$，且 $a\neq b$，则代数式 $\dfrac{1}{a^2}+\dfrac{1}{b^2}$ 的值为（　　）

   A. 5   B. 7   C. 9   D. 11

5. 在菱形 $ABCD$ 中，若 $\angle ABC=60°, AB=2$，则菱形 $ABCD$ 的内切圆面积为（　　）

   A. $\dfrac{3}{4}\pi$ B. $\dfrac{3}{2}\pi$ C. $\dfrac{\sqrt{3}}{4}\pi$ D. $\dfrac{\sqrt{3}}{2}\pi$

6. 如图，是以 AB 为直径的半圆 $\overset{\frown}{ADB}$ 和圆心角为 $45°$ 的扇形 ABC，则图中Ⅰ的面积和Ⅱ的面积的比值是（　　）

   A. 1.6   B. 1.4

   C. 1.2   D. 1

7. 已知一个三角形的三边长都是整数，且周长为8，则它的面积为（　　）

   A. 6   B. $2\sqrt{2}$ C. $6\sqrt{2}$ D. 4

8. 对于任意实数 a,b,c,d，定义有序数对 (a,b) 与 (c,d) 之间的运算"Δ"为：$(a,b)\Delta(c,d)=(ac+bd, ad+bc)$. 如果对于任意实数 u,v，都有 $(u,v)\Delta(x,y)=(u,v)$，那么 (x,y) 为（　　）

   A. $(0,1)$ B. $(1,0)$ C. $(-1,0)$ D. $(0,-1)$

9. 已知 α,β 是两个锐角，且满足 $\sin^2\alpha+\cos^2\beta=\dfrac{5}{4}t, \cos^2\alpha+\sin^2\beta=\dfrac{3}{4}t^2$，则实数 t 所有可

能值的和为( )

A.$-\dfrac{8}{3}$ B.$-\dfrac{5}{3}$ C.1   D.$\dfrac{11}{3}$

10. $S=\dfrac{1}{1^2}+\dfrac{1}{2^2}+\cdots+\dfrac{1}{2014^2}$,则 $2S$ 的整数部分等于( )

A.3   B.4   C.5   D.6

二、填空题(本大题共6个小题,每小题4分,共24分)

11. 已知一组数据 24,27,19,13,x,12 的中位数是 21,那么 x 的值等于_____.

12. 两条直角边长分别是整数 a,b(其中 $b<2014$),斜边长是 $b+1$ 的直角三角形的个数为_____.

13. 一枚质地均匀的正方体骰子的六个面上的数字分别是 1,2,2,3,3,4;另一枚质地均匀的正方体骰子的六个面上的数字分别是 1,3,4,5,6,8.同时掷这两枚骰子,则其朝上的面两数字之和为 5 的概率是_____.

14. 如图,双曲线 $y=\dfrac{2}{x}(x>0)$ 与矩形 $OABC$ 的边 CB,BA 分别交于点 E,F,且 $AF=FB$.连接 EF,则 $\triangle OEF$ 的面积为_____.

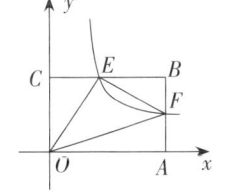

15. 设 $(3x-2)^6=a_0+a_1x+a_2x^2+a_3x^3+a_4x^4+a_5x^5+a_6x^6$,那么 $a_1+a_2+a_3+a_4+a_5+a_6=$_____.

16. 在 $\triangle ABC$ 中,$\angle C=90°$,D,E 分别是 BC,CA 上的点,且 $BD=AC$,$AE=DC$,设 AD 与 BE 交于点 P,则 $\angle BPD=$_____.

三、解答题(本大题共5个小题,共46分.解答须写出文字说明、证明过程和演算步骤)

17.(本小题6分)

(1)计算 $\dfrac{1}{\sqrt{2}-1}-3\tan^2 30°+2\sqrt{(\sin 45°-1)^2}$;

(2)解方程 $\dfrac{6x+2}{x^2+3x+2}=5-\dfrac{2x^2+6x+4}{3x+1}$.

18.(本小题6分)

如图,已知直线 $y=\dfrac{1}{2}x$ 与双曲线 $y=\dfrac{k}{x}(k>0)$ 交于 A,B 两点,且点 A 的横坐标为4.

(1)求 k 的值;

(2)过原点 O 的另一条直线 l 交双曲线 $y=\dfrac{k}{x}(k>0)$ 于 P,Q 两点(点 P 在第一象限,点 P 的横坐标小于4).若由点 A,B,P,Q 为顶点组成的四边形面积为24,求点 P 的坐标.

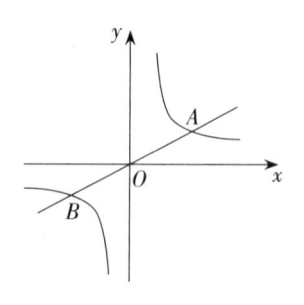

19.(本小题8分)

如图,⊙A与⊙B相外离,⊙A的半径为2,⊙B的半径为1,AB=4,P为连接两圆圆心的线段AB上的一点,PC切⊙A于点C,PD切⊙B于点D.

(1)若PC=PD,求PB的长;

(2)试问线段AB上是否存在一点P,使$PC^2+PD^2=4$,若存在,这样的点P有几个? 并求出PB的值;如果不存在,说明理由;

(3)当点P在线段AB上运动到某处使PC⊥PD时,△APC∽△PBD.试问除上述情况外,当点P在线段AB上运动到何处(说明PB的长是多少)时,△APC与△PBD相似,并判断此时直线PC与⊙B的位置关系,证明你的结论.

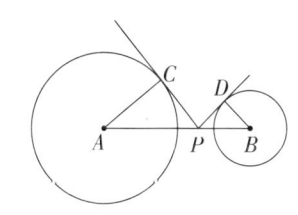

20.(本小题9分)

已知在 Rt△ABC 中,∠ACB=90°,AC=4,∠BAC=60°,CD 是边 AB 上的中线,直线 BM//AC,E 是边 CA 延长线上一点,ED 交直线 BM 于点 F,将 △EDC 沿 CD 翻折得 △E'DC,射线 DE' 交直线 BM 于点 G.

(1)如图(1),当 CD⊥EF 时,求 BF 的值.

(2)如图(2),当点 G 在点 F 的右侧时:

①求证:△BDF∽△BGD;

②设 AE=x,△DFG 的面积为 y,求 y 关于 x 的函数解析式,并写出 x 的取值范围.

(3)在(2)的条件下,如果 △DFG 的面积为 $6\sqrt{3}$,求 AE 的长.

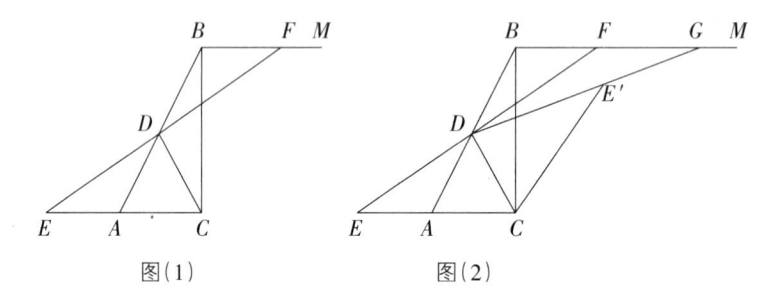

图(1)　　　　　图(2)

21.(本小题9分)

如图,已知抛物线与x轴交于点A(-2,0),B(4,0),与y轴交于点C(0,8).

(1)求抛物线的解析式及其顶点D的坐标;

(2)设直线CD交x轴于点E.在线段OB的垂直平分线上是否存在点P,使得点P到直线CD的距离等于点P到原点O的距离?如果存在,求出点P的坐标;如果不存在,请说明理由;

(3)过点B作x轴的垂线,交直线CD于点F,将抛物线沿其对称轴平移,使抛物线与线段EF总有公共点.试探究:抛物线向上最多可平移多少个单位长度?向下最多可平移多少个单位长度?

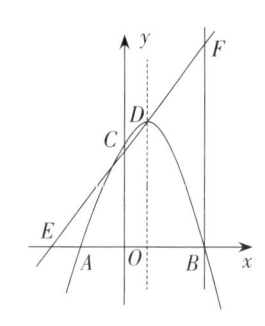

22.（本小题8分）

（1）求函数 $y=|x-1|+|x-3|$ 的最小值及对应自变量 x 的取值；

（2）求函数 $y=|x-1|+|x-2|+|x-3|$ 的最小值及对应自变量 x 的取值；

（3）求函数 $y=|x-1|+|x-2|+|x-3|+\cdots+|x-n|$ 的最小值及对应自变量 x 的取值；

（4）求函数 $y=|x-1|+|2x-1|+|3x-1|+|4x-1|+|5x-1|+|6x-1|$ 的最小值及对应自变量 x 的取值.

参考答案

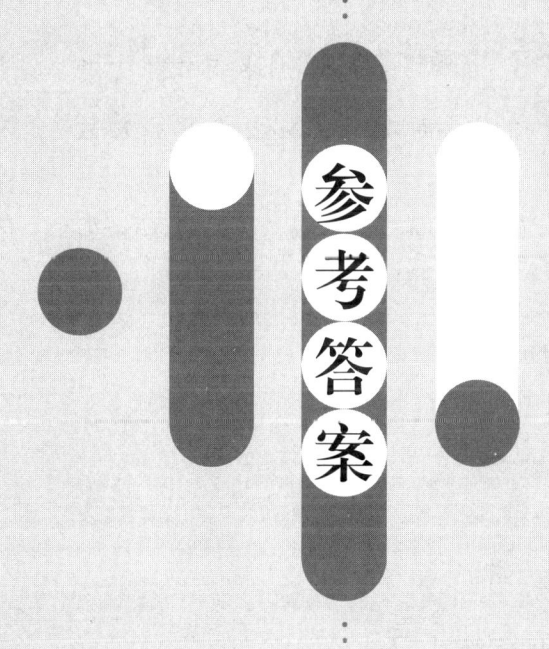

第一讲 函数的概念、性质、图象及其变换

拓展应用

1.【解析】根据平行四边形的中心对称性可知，$AO=CO$，$BO=DO$，$S_{\triangle AOD}=S_{\triangle AOB}=S_{\triangle COD}=S_{\triangle BOC}$，$S_{四边形ABCD}=4S_{\triangle AOB}=4\times\dfrac{1}{2}=2$. 故选：B.

2.【解析】如图 1-2-1 所示，二次函数对称轴为直线 $x=-\dfrac{4a}{2\times(-1)}=2a$. 又 $\because$ 当 $x\geqslant 2$ 时，y 的值随 x 的增大而减小，$\therefore 2a\leqslant 2$，解得 $a\leqslant 1$，故选：A.

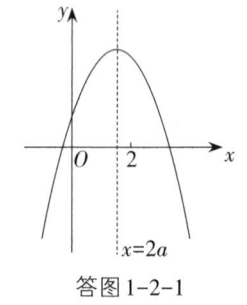

3.【解析】设直线解析式为 $y=mx+n$，将 $A(a,b)$，$B(b,a)$，$C(a-b,b-a)$ 代入得 $\begin{cases} b=ma+n, & ① \\ a=mb+n, & ② \\ b-a=(a-b)m+n, & ③ \end{cases}$

答图 1-2-1

①-②得 $b-a=m(a-b)$.

又 $\because$ 图象经过不同的三点，

$\therefore a\neq b$，$\therefore m=-1$.

又 $\because b-a=(a-b)m+n$，

$\therefore$ 解得 $m=-1$，$n=0$，

$\therefore$ 一次函数的解析式为 $y=-x$.

4.【解析】(1) ①②③ $\Rightarrow$ ④，如图 1-4-1，$\because$ ① $a>0$，$\therefore$ 抛物线开口向上. $\because$ ② $2a+b=0$，$\therefore$ 抛物线对称轴为 $x=1$. $\because$ ③ $b^2-4ac>0$，$\therefore$ 抛物线的顶点在第四象限，$\therefore$ ④ $a+b+c<0$ 正确，故(1)为真命题；

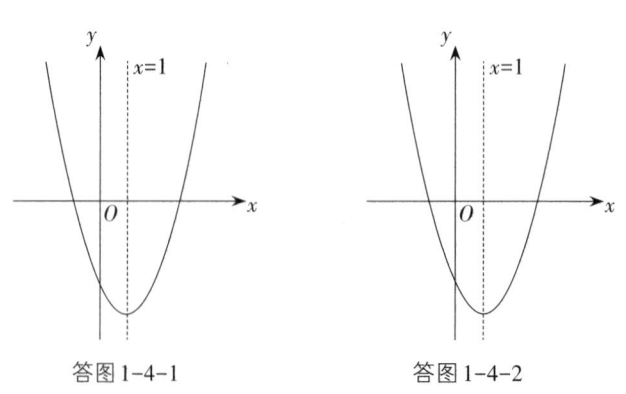

答图 1-4-1   答图 1-4-2

(2) ①②④ $\Rightarrow$ ③，如图 1-4-2，$\because$ ① $a>0$，$\therefore$ 抛物线开口向上. $\because$ ② $2a+b=0$，$\therefore$ 抛物线对

称轴为 $x=1$. ∵④ $a+b+c<0$, ∴抛物线的顶点在第四象限, ∴③ $b^2-4ac>0$ 正确, 故(2)为真命题;

(3)①③④⇒②, 如图 1-4-3 和 1-4-4, ∵① $a>0$, ∴抛物线开口向上. ∵③ $b^2-4ac>0$, ④ $a+b+c<0$, ∴抛物线的顶点在第三、四象限, ∴② $2a+b=0$ 错误, 故(3)为假命题;

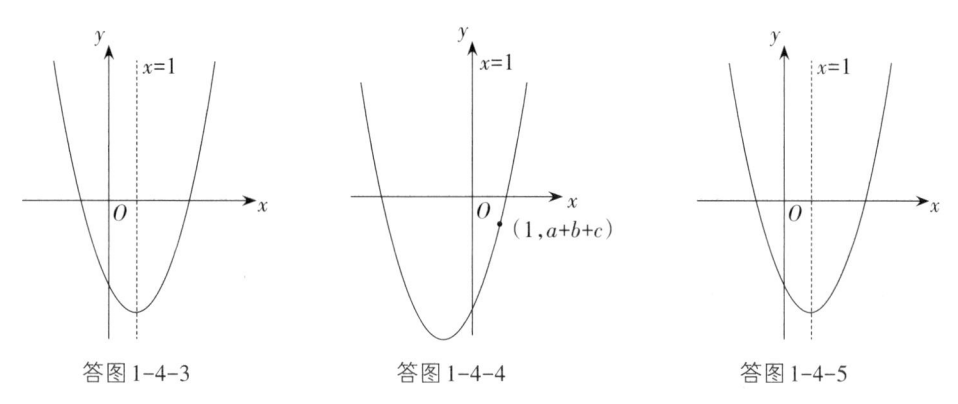

答图 1-4-3　　答图 1-4-4　　答图 1-4-5

(4)②③④⇒①, 如图 1-4-5, ∵② $2a+b=0$, ∴抛物线对称轴为 $x=1$. ∵③ $b^2-4ac>0$, ④ $a+b+c<0$, ∴抛物线的顶点在第四象限, ∴抛物线与 x 轴有两个交点, ∴① $a>0$ 正确, 故(4)为真命题;

综上, 有 3 个真命题.

5.【解析】(1)方法一: 分类讨论

①当 $x<1$ 时, $y=-x+1$; ②当 $x≥1$ 时, $y=x-1$.

方法二: 图形变换

①如图 1-5-1, 先画出 $y=x-1$ 的图象.

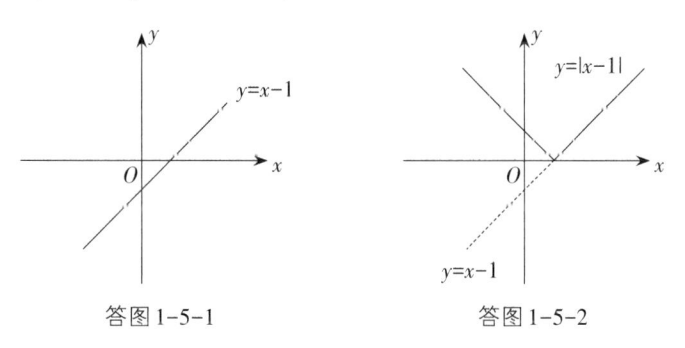

答图 1-5-1　　答图 1-5-2

②如图 1-5-2, 将函数 $y=x-1$ 在 x 轴下方的图象沿着 x 轴向上翻折, 再与原来在 x 轴上方的图象并得到 $y=|x-1|$ 的图象.

∴当 $x≤1$ 时, y 随 x 的增大而减小; 当 $x≥1$ 时, y 随 x 的增大而增大;

(2)∵ $y=\dfrac{x-1}{x+1}=\dfrac{x+1-2}{x+1}=1-\dfrac{2}{x+1}=-\dfrac{2}{x+1}+1$,

∴①如图 1-5-3, 先画出 $y=-\dfrac{2}{x}$ 的图象.

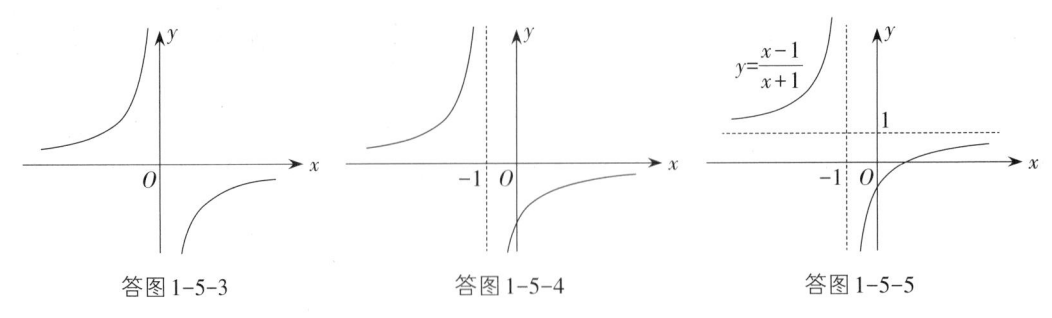

答图 1-5-3　　　　　　　　答图 1-5-4　　　　　　　　答图 1-5-5

② 如图 1-5-4，将 $y=-\dfrac{2}{x}$ 向左平移 1 个单位长度得到 $y=-\dfrac{2}{x+1}$ 的图象.

③ 如图 1-5-5，将 $y=-\dfrac{2}{x+1}$ 向上平移 1 个单位长度得到 $y=-\dfrac{2}{x+1}+1$ 的图象.

∴ 当 $x<-1$ 时，y 随 x 的增大而增大；当 $x>-1$ 时，y 随 x 的增大而增大；

(3) 方法一：分类讨论

如图 1-5-6，① 当 $x\geq 0$ 时，$y=x^2-2|x|-3=x^2-2x-3$；② 当 $x\leq 0$ 时，$y=x^2-2|x|-3=x^2+2x-3$，∴ 函数 $y=x^2-2|x|-3$ 的图象为图 1-5-6 所示.

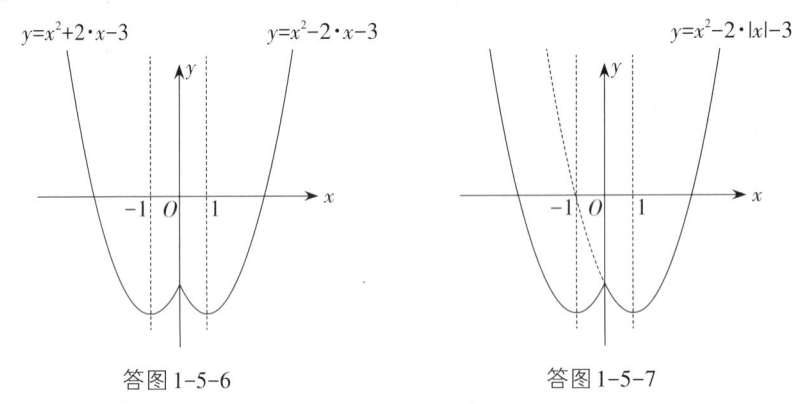

答图 1-5-6　　　　　　　　答图 1-5-7

方法二：图形变换

如图 1-5-7，$y=x^2-2|x|-3$ 可以看作将 $y=x^2-2x-3$ 的 y 轴右侧的图象沿 y 轴翻折得到.

∴ 当 $-1\leq x\leq 0$ 和 $x\geq 1$ 时，y 随 x 的增大而增大；当 $x\leq -1$ 和 $0\leq x\leq 1$ 时，y 随 x 的增大而减小.

6.【解析】(1) ① 若 $0\leq x\leq 10$ 时，设抛物线的函数关系式为 $y=ax^2+bx+c(a\neq 0)$，

将 $(0,20),(5,39),(10,48)$ 代入得 $\begin{cases} c=20,\\ 25a+5b+c=39,\\ 100a+10b+c=48, \end{cases}$ 解得 $a=-\dfrac{1}{5}$，$b=\dfrac{24}{5}$，$c=20$，

∴ $y=-\dfrac{1}{5}x^2+\dfrac{24}{5}x+20$；

② 当 $10\leq x\leq 20$ 时，$y=48$；

③ 当 $20\leq x\leq 40$ 时，设直线的函数关系式为 $y=kx+b(k\neq 0)$，将 $(20,48),(40,20)$ 代

入得 $\begin{cases} 48=20k+b, \\ 20=40k+b, \end{cases}$

解得 $k=-\dfrac{7}{5}, b=76, \therefore y=-\dfrac{7}{5}x+76.$

$\therefore y=\begin{cases} -\dfrac{1}{5}x^2+\dfrac{24}{5}x+20, 0\leqslant x\leqslant 10, \\ 48, 10\leqslant x\leqslant 20, \\ -\dfrac{7}{5}x+76, 20\leqslant x\leqslant 40. \end{cases}$

(2)当 $0\leqslant x\leqslant 10$ 时,$y=-\dfrac{1}{5}x^2+\dfrac{24}{5}x+20$,令 $y=36$,得 $36=-\dfrac{1}{5}x^2+\dfrac{24}{5}x+20$,解得 $x=4, x=20$(含去);

当 $10\leqslant x\leqslant 20$ 时,$y=48>36$,满足题意;

当 $20\leqslant x\leqslant 40$ 时,令 $y=36$,得 $36=-\dfrac{7}{5}x+76$,解得 $x=\dfrac{200}{7}=28\dfrac{4}{7}$.

$\because 28\dfrac{4}{7}-4=24\dfrac{4}{7}>24,$

$\therefore$ 老师可以在经过适当安排,使学生在听这道题时,注意力的指标数都不低于36.

第二讲 建立函数模型解决实际问题

拓展应用

1.【解析】前四年年产量的增长速度越来越快,可知图象的斜率随 x 的变大而变大,在图象上呈现下凸的情形,选项 A,C 符合;又因为后四年年产量的增长速度保持不变,应呈直线,故选:A.

2.【解析】由题意可得 $xy+\dfrac{1}{2}\cdot(\dfrac{x}{\sqrt{2}})^2=8$,则 $y=\dfrac{32-x^2}{4x}>0$,可得 $0<x<4\sqrt{2}$.

设框架用料长度为 L,

则 $L=2x+2y+\sqrt{2}x=2x+\dfrac{16}{x}-\dfrac{x}{2}+\sqrt{2}x=(\dfrac{3}{2}+\sqrt{2})x+\dfrac{16}{x}\geqslant 2\sqrt{(\dfrac{3}{2}+\sqrt{2})x\cdot\dfrac{16}{x}}=4\sqrt{6+4\sqrt{2}}=8+4\sqrt{2}.$

当且仅当 $(\dfrac{3}{2}+\sqrt{2})x=\dfrac{16}{x}$,即 $x=8-4\sqrt{2}, y=2\sqrt{2}$ 时等号成立.

$\therefore x=8-4\sqrt{2}$ m,$y=2\sqrt{2}$ m.

3.【解析】设隔墙的长度为 x m,面积为 S m². 则 $S=x\cdot\dfrac{24-4x}{2}(0<x<6),$

∴S=x(12-2x)=-2x²+12x=-2(x-3)²+18,(0<x<6),

∴当x=3时,S_{max}=18 m².

4.【解析】(1)由题意知y_1=(6-a)x-20,(0<x≤200),

y_2=(20-10)x-(40+0.05x²)=-0.05x²+10x-40,(0<x≤80).

(2)∵3≤a≤5,∴6-a>0,

∴当x=200时,y_1=(6-a)x-20取得最大值为y_1=(6-a)×200-20=(1180-200a)万元.

∵y_2=-0.05(x-100)²+460,又∵0<x≤80,在对称轴的左侧,∴当x=80时,取得最大值y_2=440万元.

(3)①若1180-200a=440,得a=3.7,

②若1180-200a>440,得a<3.7,

③若1180-200a<440,得a>3.7,

∵3≤a≤5,∴当3≤a<3.7时,生产甲产品利润高;当a=3.7时,生产甲、乙两种产品的利润相同;当3.7<a≤5时,生产乙产品的利润高.

5.【解析】(1)由题意可设y_1=k_1x,y_2=$k_2\sqrt{x}$,其中k_1,k_2是不为零的常数.

根据图象可得,当x=1时,y_1=k_1=0.25,当x=4时,y_2=2k_2=4,

∴k_1=0.25,k_2=2,∴y_1=0.25x(x≥0),y_2=2$\sqrt{x}$(x≥0).

(2)①由(1)得当x=100时,y_1=25,y_2=20,∴总利润为25+20=45(万元).

②设B产品投入m万元,A产品投入(200-m)万元,该企业可获总利润为P万元,

则P=0.25(200-m)+2$\sqrt{m}$,0≤m≤200.

令$\sqrt{m}$=t,则m=t²,且0≤t≤10$\sqrt{2}$,

则P=0.25(-t²+8t+200)=0.25[-(t-4)²+216].

∴当t=4时,P_{max}=54,此时m=16,200-m=184.

∴当A,B两种产品分别投入184万元、16万元时,可使该企业获得最大利润,最大利润为54万元.

6.【解析】(1)当0<x≤30时,y=30<50恒成立,公交群体的人均通勤时间不可能少于自驾群体的人均通勤时间;

当30<x<100时,若50<y,即2x+$\dfrac{1800}{x}$-80>50,解得x<20(舍)或x>45;

∴当45<x<100时,公交群体的人均通勤时间少于自驾群体的人均通勤时间.

(2)设该地上班族总人数为n,则自驾人数为n·x%,乘公交人数为n·(1-x%),

当0<x≤30时,y′=$\dfrac{30nx\%+50n(1-x\%)}{n}$=50-$\dfrac{20}{100}$x=50-$\dfrac{1}{5}$x;

当30<x<100时,

$$y'=\frac{50n(1-x\%)+\left(2x+\frac{1800}{x}-80\right)nx\%}{n}=50-\frac{50}{100}x+\frac{x}{100}\left(2x+\frac{1800}{x}-80\right)$$

$$=50-\frac{1}{2}x+\frac{1}{50}x^2+18-\frac{4}{5}x=\frac{1}{50}x^2-\frac{13}{10}x+68=\frac{1}{50}\left(x-\frac{65}{2}\right)^2+\frac{375}{8}.$$

整理得 $y'=\begin{cases}50-\dfrac{x}{5},0<x\leqslant30,\\ \dfrac{1}{50}\left(x-\dfrac{65}{2}\right)^2+\dfrac{375}{8},30<x<100.\end{cases}$

∴当 $0<x\leqslant30$ 时,y' 随 x 的增大而减小,

又∵$-\dfrac{1}{5}<0$

∴当 $x=30$ 时,$y'_{\min}=44$.

又∵$0<x\leqslant\dfrac{65}{2}$ 时,y' 随 x 的增大而减小,当 $\dfrac{65}{2}<x\leqslant100$ 时,y' 随 x 的增大而增大,

∴当 $x=\dfrac{65}{2}$ 时,$y'_{\min}=\dfrac{375}{8}$.

又∵$44<\dfrac{375}{8}$,

∴y' 的最小值为44.

第三讲　代数式的基本运算及其拓展

拓展应用

1.【解析】$\sqrt{x^2+\dfrac{1}{x^2}-2}=\sqrt{x^2+\left(\dfrac{1}{x}\right)^2-2\cdot x\cdot\dfrac{1}{x}}=\sqrt{\left(x-\dfrac{1}{x}\right)^2}=\left|x-\dfrac{1}{x}\right|$,

又∵$x>1$,可知 $x-\dfrac{1}{x}>0$,

故原式 $=x-\dfrac{1}{x}$.

2.【解析】(1)原式 $=a(a^6-b^6)=a(a^3+b^3)(a^3-b^3)=a(a+b)(a-b)(a^2-ab+b^2)(a^2+ab+b^2)$;

方法一:

由十字相乘法可得:$x^2-2xy-8y^2=(x-4y)(x+2y)$,

∴$x^2-2xy-8y^2-x-14y-6=(x-4y+a)(x+2y+b)=x^2-2xy-8y^2+(a+b)x+(2a-4b)y+ab$,

∴$\begin{cases}a+b=-1,\\ 2a-4b=-14,\end{cases}$ 解得 $\begin{cases}a=-3,\\ b=2,\end{cases}$ ∴$x^2-2xy-8y^2-x-14y-6=(x-4y-3)(x+2y+2)$.

方法二：双十字相乘法

如图 3-2-1，由双十字相乘得：

$x^2-2xy-8y^2-x-14y-6=(x-4y-3)(x+2y+2)$.

3.【解析】(1) ∵ $a+b+c=0$，

∴ $(a+b+c)^2=0$，即 $a^2+b^2+c^2+2ab+2bc+2ca=0$，

∴ $a^2+b^2+c^2+2(ab+bc+ca)=0$.①

∵ $a^2+b^2+c^2=1$，②

把②代入①得 $1+2(ab+bc+ca)=0$，

解得 $ab+bc+ca=-\dfrac{1}{2}$；

答图 3-2-1

(2) ∵ $a^4+b^4+c^4=(a^2+b^2+c^2)^2-2(a^2b^2+b^2c^2+c^2a^2)=(a^2+b^2+c^2)^2-2[(ab+bc+ac)^2-2abc(a+b+c)]$，

又 ∵ $ab+bc+ca=-\dfrac{1}{2}$，$a+b+c=0$，$a^2+b^2+c^2=1$，

∴ $a^4+b^4+c^4=1-2\times[(-\dfrac{1}{2})^2-0]=\dfrac{1}{2}$.

4.【解析】

方法一：待定系数法

$x^4-9x^2+12x-4=(x-1)(x-2)(x^2+bx+c)=(x^2-3x+2)(x^2+bx+c)$

$=x^4+bx^3+cx^2-3x^3-3bx^2-3cx+2x^2+2bx+2c$

$=x^4+(b-3)x^3+(c-3b+2)x^2+(2b-3c)x+2c$，

∴ $\begin{cases} b-3=0, \\ c-3b+2=-9, \\ 2b-3c=12, \\ 2c=-4, \end{cases}$ 解得 $\begin{cases} b=3, \\ c=-2. \end{cases}$

∵ $x^2+3x-2=0$ 的实数解为 $\dfrac{-3\pm\sqrt{17}}{2}$，

∴ 方程的根为 $1,2,\dfrac{-3\pm\sqrt{17}}{2}$.

方法二：双十字相乘法

如图 3-4-1，由双十字相乘得：$x^4-9x^2+12x-4=(x^2-3x+2)(x^2+3x-2)$，

∴ 方程的根为 $1,2,\dfrac{-3\pm\sqrt{17}}{2}$.

答图 3-4-1

方法三：特殊值法

∵ 1，2 是方程 $x^4-9x^2+12x-4=0$ 的根，

∴ $x^4-9x^2+12x-4$ 有因式 $(x-1)(x-2)$，

设 $x^4-9x^2+12x-4=(x-1)(x-2)(x^2+mx-2)$.

令 $x=-1$，得 $-24=6(-m-1)$，

解得 $m=3$，

解方程 $x^2+3x-2=0$，得 $x=\dfrac{-3\pm\sqrt{17}}{2}$，

∴方程的根为 $1,2,\dfrac{-3\pm\sqrt{17}}{2}$.

5.【解析】

方法一：数形结合

$\sqrt{x+11-6\sqrt{x+2}}+\sqrt{x+27-10\sqrt{x+2}}=1$，可化为 $\sqrt{(\sqrt{x+2}-3)^2}+\sqrt{(\sqrt{x+2}-5)^2}=1$，

∴从 $|\sqrt{x+2}-3|+|\sqrt{x+2}-5|$ 的几何意义来看，$\sqrt{x+2}$ 到3和5的距离之和大于等于2，如图3-5-1所示，

∴很显然，此方程无实数根．

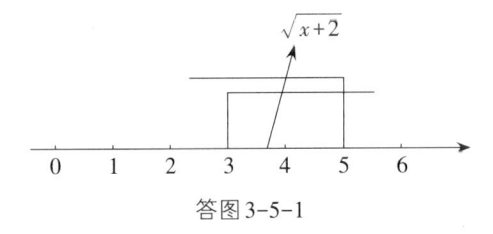

答图 3-5-1

方法二：分类讨论

$\sqrt{x+11-6\sqrt{x+2}}+\sqrt{x+27-10\sqrt{x+2}}=1$，可化为 $\sqrt{(\sqrt{x+2}-3)^2}+\sqrt{(\sqrt{x+2}-5)^2}=1$，

当 $\sqrt{x+2}>5$ 时，方程可化为 $\sqrt{x+2}-3+\sqrt{x+2}-5=1$，解得 $\sqrt{x+2}=\dfrac{9}{2}<5$，不符合题意；

当 $3\leqslant\sqrt{x+2}\leqslant5$ 时，方程可化为 $\sqrt{x+2}-3-\sqrt{x+2}+5=1$，不成立，不符合题意；

当 $\sqrt{x+2}<3$ 时，方程可化为 $-\sqrt{x+2}+3-\sqrt{x+2}+5=1$，解得 $\sqrt{x+2}=\dfrac{7}{2}>3$，不符合题意．

故方程实数根的个数为0.

6.【解析】不妨设 $p>0$，过点 M 作 $MN\perp l$ 于点 N，如图3-6-1所示．

∴$|MF|=\sqrt{(x-0)^2+\left(y-\dfrac{p}{2}\right)^2}=\sqrt{x^2+\left(y-\dfrac{p}{2}\right)^2}$，$|MN|=\left|y-\left(-\dfrac{p}{2}\right)\right|=\left|y+\dfrac{p}{2}\right|$.

∵$|MF|=|MN|$，

∴$\sqrt{x^2+\left(y-\dfrac{p}{2}\right)^2}=\left|y+\dfrac{p}{2}\right|$，$\left(\sqrt{x^2+\left(y-\dfrac{p}{2}\right)^2}\right)^2=\left(y+\dfrac{p}{2}\right)^2$，

整理得 $x^2=2py$.

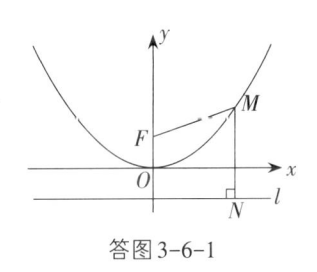

答图 3-6-1

第四讲　方程(不等式)的解及其几何意义

拓展应用

1.【解析】在同一坐标系中分别画出函数 $y=2x-x^2$, $y=\dfrac{2}{x}$ 的图象,如图 4-1-1 所示.

由图可知,两个函数的图象只有一个交点,且横坐标为负,即方程 $2x-x^2=\dfrac{2}{x}$ 无正根.

故选:A.

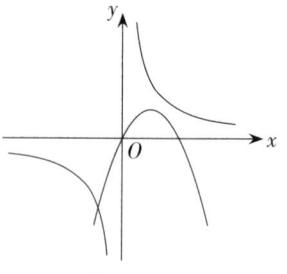

答图 4-1-1

2.【解析】

∵关于 x 的不等式 $ax^2+bx+12<0$ 的解集为 $x<-2$ 或 $x>3$,

∴-2 和 3 是 $ax^2+bx+12=0$ 的两个根,利用韦达定理得 $\begin{cases}-\dfrac{b}{a}=x_1+x_2=1,\\ \dfrac{12}{a}=x_1\cdot x_2=-6,\end{cases}$

解得 $\begin{cases}a=-2,\\ b=2,\end{cases}$ 故选:A.

3.【解析】

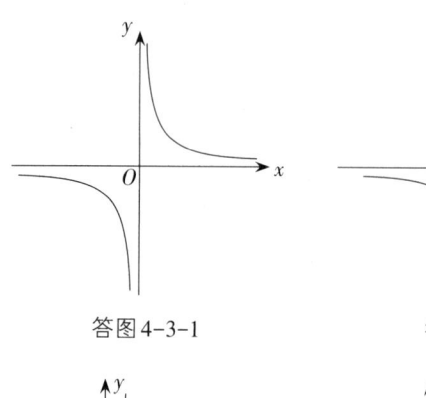

答图 4-3-1 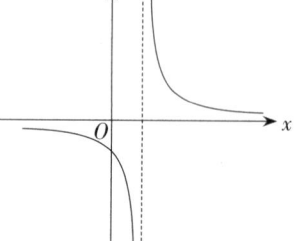　　　答图 4-3-2 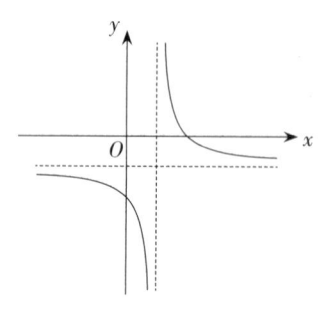　　　答图 4-3-3

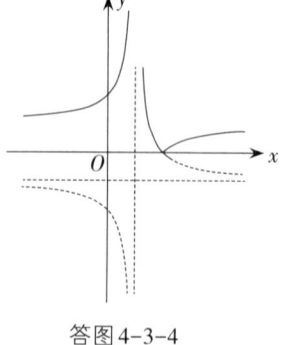

答图 4-3-4 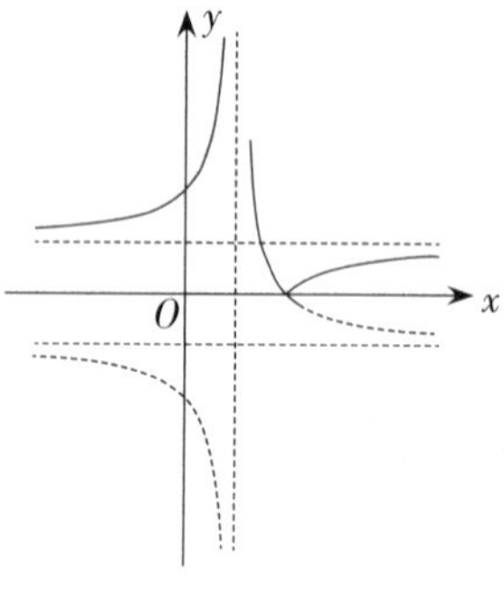　　　答图 4-3-5 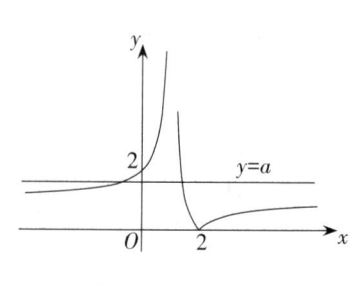　　　答图 4-3-6

如图4-3-1所示,先画出$\dfrac{1}{x}$的图象,再向右平移1个单位长度得到图4-3-2,再向下平移1个单位长度得到图4-3-3,再将所得函数图象x轴下方的部分沿着x轴向上翻折得到$\left|\dfrac{1}{x-1}-1\right|$(图4-3-4,4-3-5,4-3-6)的函数图象,设$y_1=\left|\dfrac{1}{x-1}-1\right|$,$y_2=a$,其函数图象如图4-3-6所示,$\therefore a$的取值范围是$1\leqslant a<2$.

4.【解析】解方程组 $\begin{cases}y=2x+m,\\y=-x+n,\end{cases}$ 可得 $\begin{cases}x=\dfrac{n-m}{3},\\y=\dfrac{2n+m}{3},\end{cases}$ $\therefore C\left(\dfrac{n-m}{3},\dfrac{2n+m}{3}\right)$.

在直线$y=2x+m$中,令$y=0$,则$x=-\dfrac{1}{2}m$,$\therefore A\left(-\dfrac{1}{2}m,0\right)$.

在直线$y=-x+n$中,令$y=0$,则$x=n$;令$x=0$,则$y=n$,

$\therefore B(n,0)$,$D(0,n)$.

$\because AB=4$,$\therefore n-\left(-\dfrac{1}{2}m\right)=4$,①

又$\because$四边形$CAOD$的面积为$\dfrac{10}{3}$,

$\therefore \triangle ABC$的面积$-\triangle BDO$的面积$=\dfrac{10}{3}$,即$\dfrac{1}{2}\times 4\times \dfrac{2n+m}{3}-\dfrac{1}{2}n^2=\dfrac{10}{3}$,②

联立①②,解方程组可得$m=4$,$n=2$.

5.【解析】(1)如图4-5-1,$(2x-1)(3x+1)\geqslant 0$,且$3x+1\neq 0$,解得$x\geqslant \dfrac{1}{2}$或$x<-\dfrac{1}{3}$.

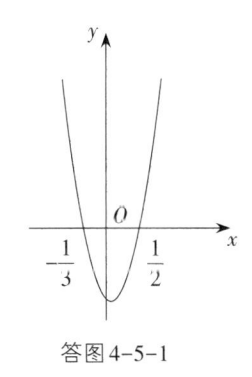

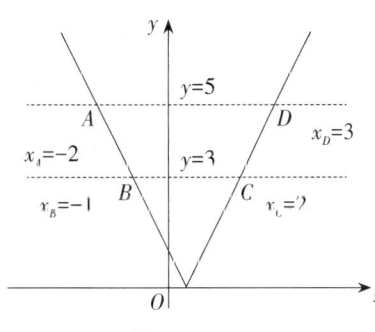

答图4-5-1

答图4-5-2

(2)由图象4-5-2可知$-2\leqslant x<-1$或$2<x\leqslant 3$.

(3)$\because 2x^2-x+a>0$,

①当$\Delta=(-1)^2-8a<0$,即$a>\dfrac{1}{8}$时,x取全体实数,如图4-5-3所示;

②当$\Delta=(-1)^2-8a=0$,即$a=\dfrac{1}{8}$时,$x\neq \dfrac{1}{4}$,如图4-5-4所示;

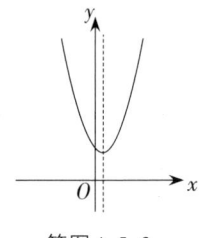

答图 4-5-3 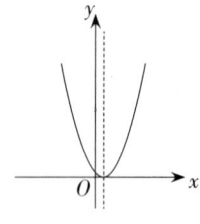   答图 4-5-4 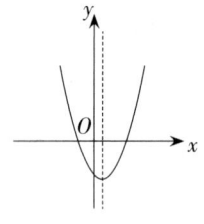   答图 4-5-5

③ $\Delta = (-1)^2 - 8a > 0$，即 $a < \dfrac{1}{8}$ 时，$x > \dfrac{1+\sqrt{1-8a}}{4}$ 或 $x < \dfrac{1-\sqrt{1-8a}}{4}$，如图 4-5-5 所示.

(4) $\begin{cases} x > \dfrac{a}{3}, \\ -\dfrac{2}{3} \leqslant x \leqslant 1, \end{cases}$ 如图 4-5-6，当 $a < -2$ 时，解集为 $-\dfrac{2}{3} \leqslant x \leqslant 1$；当 $-2 \leqslant a < 3$ 时，解集为 $\dfrac{a}{3} < x \leqslant 1$；当 $a \geqslant 3$ 时，无解.

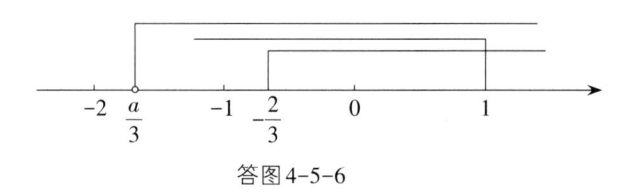

答图 4-5-6

6.【解析】① 当直线 $l \perp x$ 轴时，其方程为 $x = x_0$，直线 l 与曲线 C 有且只有一个公共点 $(x_0, x_0^2 + ax_0)$，符合题意，此时，$x_1 = x_0$.

② 当直线 l 不垂直 x 轴时，设其方程为 $y - (x_0^2 + ax_0) = k(x - x_0)$，代入 $y = x^2 + ax$，整理得 $x^2 + (a-k)x + x_0(k - a - x_0) = 0$，依题意有，$\Delta = (a-k)^2 - 4x_0(k - a - x_0) = 0$，

即 $(a-k)^2 + 4x_0(a-k) + 4x_0^2 = (a - k + 2x_0)^2 = 0$，$\therefore k = 2x_0 + a$.

$\therefore$ 直线 l 方程为 $y - (x_0^2 + ax_0) = (2x_0 + a)(x - x_0)$.

令 $y = 0$，得 $x_1 = \dfrac{-(x_0^2 + ax_0)}{2x_0 + a} + x_0 = \dfrac{x_0^2}{2x_0 + a}$.

$\because a \geqslant 0, x_0 > 0, \therefore 0 < x_1 = \dfrac{x_0^2}{2x_0 + a} \leqslant \dfrac{x_0^2}{2x_0} = \dfrac{x_0}{2}$，当且仅当 $a = 0$ 时，$x_1 = \dfrac{x_0}{2}$.

综上，$0 < x_1 \leqslant \dfrac{x_0}{2}$ 或 $x_1 = x_0$.

第五讲　方程的区间根与有限制条件的最值问题

拓展应用

1.【解析】联立得方程组 $\begin{cases} 3x+2y+z=5, & ① \\ x+y-z=2, & ② \end{cases}$

①+②得 $4x+3y=7, y=\dfrac{7-4x}{3}$,

①-②×2 得 $x+3z=1, z=\dfrac{1-x}{3}$,

把 $y=\dfrac{7-4x}{3}, z=\dfrac{1-x}{3}$ 代入 $s=2x+y-z$,整理得 $s=x+2$,当 x 取最小值时, s 有最小值.

$\because x,y,z$ 是三个非负实数,

$\therefore x$ 的最小值是 $0, s$ 有最小值为 2,

①-②得到: $2x+y=3-2z, \therefore s=3-3z.$

$\because z$ 是非负数,

$\therefore z=0$ 时, s 有最大值 3,

$\therefore s$ 的最大值与最小值的和 $3+2=5.$

故选：A.

2.【解析】令 $y=mx^2-(m+1)x+3$,

如图 5-2-1,由题意可得 $\begin{cases} \Delta=(m+1)^2-12m \geqslant 0, \\ \dfrac{m+1}{2m}>-1, \\ m>0, \\ m\cdot(-1)^2-(m+1)\cdot(-1)+3>0, \end{cases}$ ①

如图 5-2-2,有 $\begin{cases} \Delta=(m+1)^2-12m \geqslant 0, \\ \dfrac{m+1}{2m}>-1, \\ m<0, \\ m\cdot(-1)^2-(m+1)\cdot(-1)+3<0, \end{cases}$ ②

解①得 $m \geqslant 5+2\sqrt{6}$ 或 $0<m \leqslant 5-2\sqrt{6}$ ；

解②得 $m<-2.$

综上所述, $m<-2$ 或 $0<m \leqslant 5-2\sqrt{6}$ 或 $m \geqslant 5+2\sqrt{6}.$

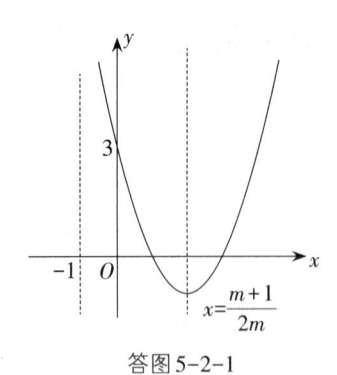

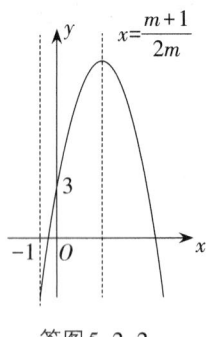

答图 5-2-1   答图 5-2-2

3.【解析】如图 5-3-1、图 5-3-2，令 $y=x^2+(k+2)x-k$，由已知函数 $y=0$ 的根均在区间 $(-1,1)$ 内得

$$\begin{cases} 1+(k+2)\cdot 1-k>0, \\ (-1)^2+(k+2)\cdot(-1)-k>0, \\ \Delta=(k+2)^2+4k\geqslant 0, \\ -1<-\dfrac{k+2}{2}<1, \end{cases}$$

解得 $-4+2\sqrt{3}\leqslant k<-\dfrac{1}{2}$，即为 k 的取值范围.

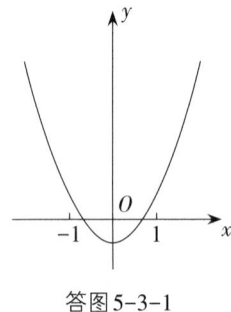

答图 5-3-1   答图 5-3-2

4.【解析】$\because x_1, x_2$ 是方程 $2x^2-4mx+2m^2+3m-2=0$ 的两个实根，

$\therefore \Delta=(-4m)^2-4\times 2\times(2m^2+3m-2)\geqslant 0$，可得 $m\leqslant \dfrac{2}{3}$.

又 $\because x_1+x_2=2m, x_1x_2=\dfrac{2m^2+3m-2}{2}$，

$\therefore x_1^2+x_2^2=2(m-\dfrac{3}{4})^2+\dfrac{7}{8}=2(\dfrac{3}{4}-m)^2+\dfrac{7}{8}$.

$\because m\leqslant \dfrac{2}{3}$，

$\therefore \dfrac{3}{4}-m\geqslant \dfrac{3}{4}-\dfrac{2}{3}>0$，

$\therefore$ 当 $m=\dfrac{2}{3}$ 时，$x_1^2+x_2^2$ 取得最小值为 $2\times(\dfrac{3}{4}-\dfrac{2}{3})^2+\dfrac{7}{8}=\dfrac{8}{9}$.

5.【解析】(1)配方得 $y=4\left(x-\dfrac{a}{2}\right)^2-2a+2$,故函数图象开口向上,且对称轴为直线 $x=\dfrac{a}{2}$,

①若 $\dfrac{a}{2}\leqslant 0$,即 $a\leqslant 0$,则当 $x=0$ 时,$y_{\min}=a^2-2a+2=3$,解得 $a=1-\sqrt{2}$ 或 $a=1+\sqrt{2}$(舍);

②若 $0<\dfrac{a}{2}<2$,即 $0<a<4$,则当 $x=\dfrac{a}{2}$ 时,$y_{\min}=-2a+2=3$,解得 $a=-\dfrac{1}{2}$(舍);

③若 $\dfrac{a}{2}\geqslant 2$,即 $a\geqslant 4$,则当 $x=2$ 时,$y_{\min}=16-8a+a^2-2a+2=3$,解得 $a=5-\sqrt{10}$(舍)或 $a=5+\sqrt{10}$.

综上所述,a 的值是 $1-\sqrt{2}$ 或 $5+\sqrt{10}$.

(2)①当 $\dfrac{1}{2}a\leqslant 0$,即 $a\leqslant 0$ 时,二次函数 $y=4x^2-4ax+a^2-2a+2$ 的函数值在 $0\leqslant x\leqslant 2$ 上随 x 的增大而增大,$\therefore x=0$ 时,y 有最小值为 m,将 $(0,m)$ 代入得 $m=a^2-2a+2$;

②当 $0<\dfrac{1}{2}a<2$,即 $0<a<4$ 时,此时抛物线的顶点为最低点,$\therefore m=-2a+2$;

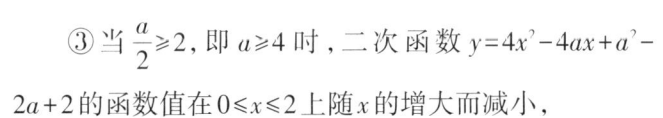

③当 $\dfrac{a}{2}\geqslant 2$,即 $a\geqslant 4$ 时,二次函数 $y=4x^2-4ax+a^2-2a+2$ 的函数值在 $0\leqslant x\leqslant 2$ 上随 x 的增大而减小,

$\therefore$ 当 $x=2$ 时,y 有最小值为 m,把 $(2,m)$ 代入得,$m=a^2-10a+18$.

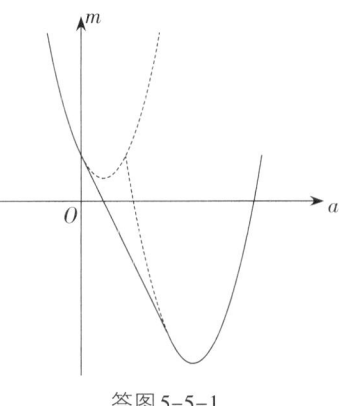

综上所述,$m=\begin{cases} a^2-2a+2, & a\leqslant 0, \\ -2a+2, & 0<a<4, \\ a^2-10a+18, & a\geqslant 4. \end{cases}$

答图 5-5-1

6.【解析】(1)原方程去分母得 $3x^2+(2a^2+2a)x+a^3=0$,

$\because \Delta=(2a^2+2a)^2-12a^3=4a^4+8a^3+4a^2-12a^3=4a^4-4a^3+4a^2=4(a^4-a^3+a^2)$,$a<0$,

$\therefore -a^3>0$,$a^4>0$,$a^2>0$,即 $a^4-a^3+a^2>0$,

$\therefore \Delta>0$,$\therefore$ 方程有两个不相等的实数根.

又 $\because$ 当 $x=0,-a,-a^2$ 时,方程不为 0,

$\therefore$ 原分式方程有两个不相等实数根.

设方程的两根为 x_1,x_2,$\because x_1 x_2=\dfrac{a^3}{3}<0$,则方程必有两个异号实根.

(2)设方程的两根为 x_1,x_2,且 $x_1>0>x_2$,

$\therefore x=\dfrac{-2a^2-2a\pm 2\sqrt{a^4-a^3+a^2}}{6}=\dfrac{-a^2-a\pm a\sqrt{a^2-a+1}}{3}$,

$\therefore x_1=\dfrac{-a^2-a-a\sqrt{a^2-a+1}}{3}<\dfrac{-a^2-a-a\sqrt{a^2-2a+1}}{3}=\dfrac{-a^2-a-a(1-a)}{3}=-\dfrac{2}{3}a$,

$$x_2=\frac{-a^2-a+a\sqrt{a^2-a+1}}{3}>\frac{-a^2-a+a\sqrt{a^2-2a+1}}{3}=\frac{-a^2-a+a(1-a)}{3}=-\frac{2}{3}a^2,$$

则正根必小于 $-\frac{2}{3}a$，负根必大于 $-\frac{2}{3}a^2$．

第六讲　几何不变量与动态几何初探

拓展应用

1.【解析】$\because \sin 72°=\cos 18°$，

$\therefore \sin^2 18°+\sin^2 72°=\sin^2 18°+\cos^2 18°=1$，故选：D．

2.【解析】如图6-2-1，不妨假设 $k>0$，反比例函数 $y=\dfrac{k}{x}$ 的对称轴为直线 $y=x$，$y=-x$，故选：B．

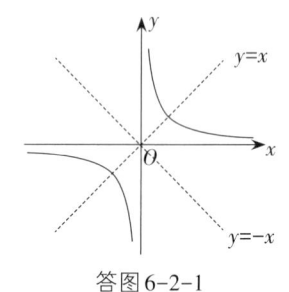

答图 6-2-1

3.【解析】$\because$ 点 P 为 CD 的中点，$\therefore PC=PD=\dfrac{1}{2}CD=3$，

由相交弦定理，得 $PA\cdot PB=PC\cdot PD$，

即 $2PB=3\times 3$，解得 $PB=\dfrac{9}{2}$ cm．

4.【解析】分两种情况讨论，

① 若 $a+b+c\neq 0$，由等比定理可得 $\dfrac{c+a+b}{a+b+b+c+c+a}=\dfrac{1}{2p}$，可得 $p=1$，则 $y=x-1$，经过第一、三、四象限；

② 若 $a+b+c=0$，可得 $p=-\dfrac{1}{2}$，则 $y=-\dfrac{1}{2}x+\dfrac{1}{2}$，经过第一、二、四象限．

综上所述，$y=px-p$ 的图象一定通过第一、四象限．

5.【解析】(1) 由 $\begin{cases} y=kx+1,\\ y=\dfrac{x^2}{4}, \end{cases}$

解得 $A(2k-2\sqrt{k^2+1}$，$2k^2+1-2k\sqrt{k^2+1})$，

$B(2k+2\sqrt{k^2+1}$，$2k^2+1+2k\sqrt{k^2+1})$．

(2) 由(1)得 $AB=\sqrt{16(k^2+1)+16k^2(k^2+1)}=4(k^2+1)$，

$\therefore$ 以线段 AB 为直径的圆的半径为 $2k^2+2$．

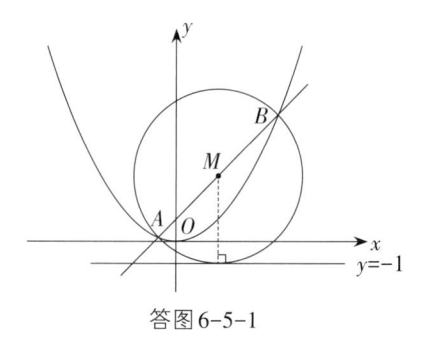

答图 6-5-1

又 $\because AB$ 中点 M 的纵坐标为 $2k^2+1$，$\therefore$ 以线段 AB 为直径的圆的圆心到直线 $y=-1$ 的距离为 $2k^2+2$，等于该圆的半径，故以线段 AB 为直径的圆都与直线 $y=-1$ 相切，如图6-5-1所示．

6.【解析】如图6-6-1,过点A作直线BC的平行线,交BD的延长线于点S,交CE的延长线于点T,连接BT,CS,

∵AB,AC的中点分别为点M,N,

∴MN是$\triangle ABC$的中位线,∴$MN//BC$,

∴$MN//TS$,

∴$\dfrac{AN}{NC}=\dfrac{TP}{PC},\dfrac{AM}{MB}=\dfrac{SP}{PB}$,

∴点P为BS,CT的中点,

∴BS,CT互相平分,

∴四边形$BCST$是平行四边形.

故$\dfrac{AD}{DC}+\dfrac{AE}{EB}=\dfrac{SA}{BC}+\dfrac{AT}{BC}=\dfrac{TS}{BC}=1$,为定值.

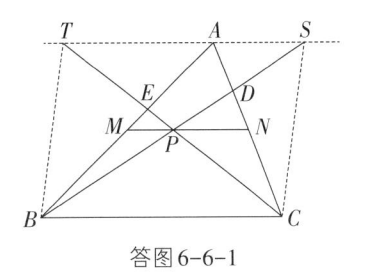

第七讲 平面图形的折叠与空间图形的展开

拓展应用

1.【解析】如图7-1-1所示,AC为蜗牛爬行的最短路线;

由题可得底面周长为$2\pi r=10\pi$,

∴$\dfrac{n\cdot\pi\cdot SA}{180°}=10\pi$,其中$SA=20$,

∴$n=90°$,即$\angle S=90°$,由勾股定理得$AC=\sqrt{10^2+20^2}=10\sqrt{5}$,

故蜗牛爬行的最短路程为$10\sqrt{5}$.

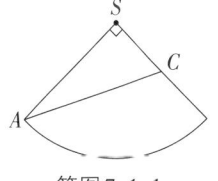

2.【解析】观察图形可知,两个带圆圈图案的面相对,∴A,B错误;C中,黑色三角形的位置错误;∴正确的正方体是D.

故选:D.

3.【解析】共有以下6种不同摆法(数字表示该位置摆放的正方体木块的个数),

①若俯视图的第一行有一个木块时,其俯视图可能为:

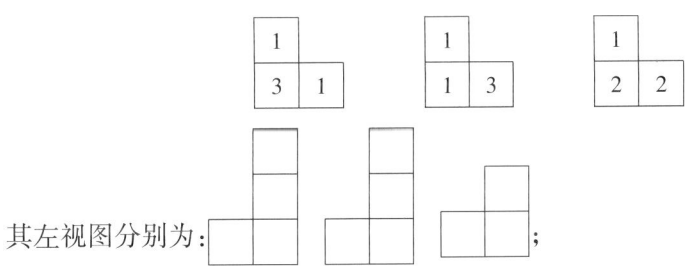

其左视图分别为:

②若俯视图的第一行有两个木块时,其俯视图可能为:

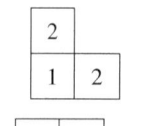

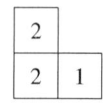

	2	
1	2	

	2	
	2	1

其左视图分别为: ;

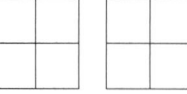

③若俯视图的第一行有三个木块时,其俯视图为:

		3
1	1	

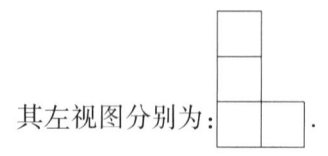

其左视图分别为: .

综上所述,左视图的可能情况共有4种:

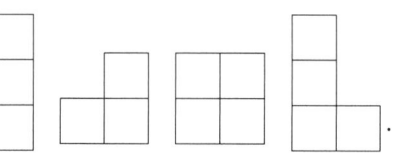

故选:A.

4.【解析】如图7-4-1所示:①先在展开图的对应位置标上字母;②将对应字母连接;③画出其他对应线段.

5.【解析】(1)四面体的棱数为6;正八面体的顶点数为6;关系式为$V+F-E=2$;

(2)由题意得$V+8+V-30=2$,解得$V=12$,$F=20$.

(3)∵有24个顶点,每个顶点处都有3条棱,两点确定一条直线,

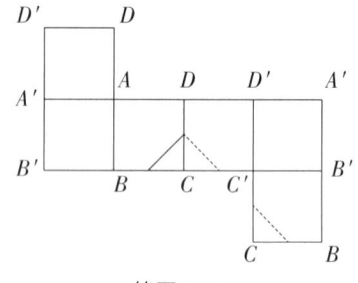

∴共有$24×3÷2=36$条棱,

∴$24+F-36=2$,解得$F=14$,

∴$x+y=14$.

答图7-4-1

6.【解析】设无盖长方体的长、宽、高分别是x,y,z,体积为V,则$V=xyz$,

∵$xy+2yz+2zx=a^2$,

∴$V^2=x^2y^2z^2=\dfrac{1}{4}(xy)(2yz)(2zx)\leqslant \dfrac{1}{4}\left[\dfrac{xy+(2yz)+(2zx)}{3}\right]^3=\dfrac{1}{108}a^6$,

当 $\begin{cases}xy=2yz=2zx,\\ xy+2yz+2zx=a^2\end{cases}$,即$x=y=2z=\dfrac{a}{\sqrt{3}}$时,$V$取到最大值,$V_{\max}=\dfrac{1}{6\sqrt{3}}a^3$.

7.【解析】∵长方体共有6个面,∴长方体的展开图需要5条棱连接,

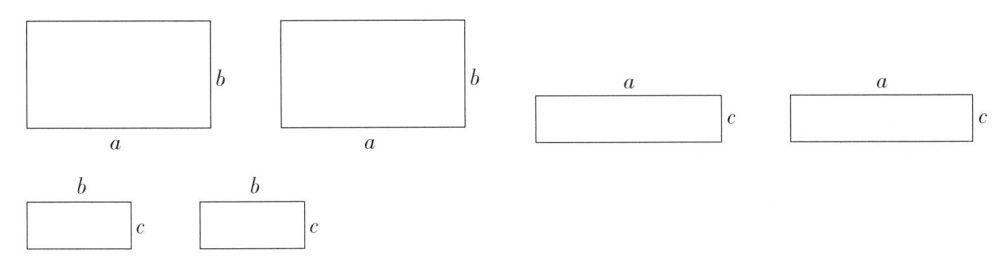

①要使其表面展开图的周长最小,则尽可能用较长的棱连接,

∵$a>b>c$,∴展开图可以如图7-6-1:

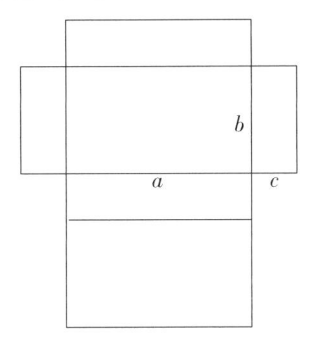

答图7-6-1

则平面图的最小周长为:$4[(a+b)+(a+c)+(b+c)]-6a-4b=2a+4b+8c$(cm).

②要使其表面展开图的周长最大,则尽可能用较短的棱连接,

∵$a>b>c$,∴则展开图可以如图7-6-2:

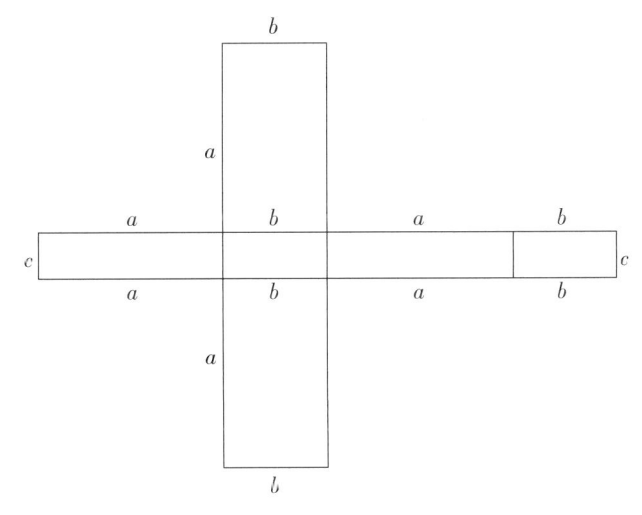

答图7-6-2

则平面图的最大周长为:$4[(a+b)+(a+c)+(b+c)]-4b-6c=8a+4b+2c$(cm).

第八讲 三角形的"四心"及其运用

拓展应用

1.【解析】设半径为 r,圆心到圆外切正三角形三条边的距离相等,且均为半径 r,

∴边长的一半为 $\dfrac{r}{\tan\dfrac{60°}{2}}=\dfrac{r}{\dfrac{\sqrt{3}}{3}}=\sqrt{3}\,r$,

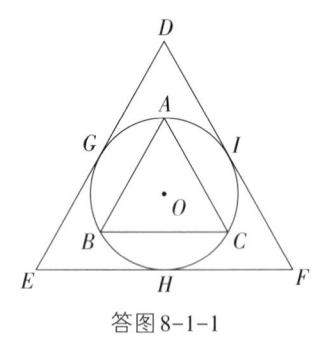

∴外切正三角形的边长为 $2\sqrt{3}\,r$,圆心到圆的内接正三角形三个顶点的距离相等,且均为半径 r,

∴边长的一半为 $r\cdot\cos\dfrac{60°}{2}=\dfrac{\sqrt{3}}{2}r$,

答图8-1-1

∴内接正三角形的边长为 $\sqrt{3}\,r$,圆的外接正三角形的边长是圆内接正三角形的边长的 $\dfrac{2\sqrt{3}\,r}{\sqrt{3}\,r}=2$ 倍,故选:A.

2.【解析】作 BC 边上的中线 AD,交 PQ 于点 G,过点 B 作 BE∥PQ 交 AD 于点 E,过点 C 作 CF∥PQ 交 AD 的延长线于点 F. 则点 D 是 BC 的中点,BE∥CF.

由 △BED≌△CFD 得 $ED=FD$,

∴$\dfrac{BP}{AP}+\dfrac{CQ}{AQ}=\dfrac{EG}{AG}+\dfrac{FG}{AG}=\dfrac{EG+FG}{AG}=\dfrac{(DG+DF)+(DG-DE)}{AG}=\dfrac{2DG}{AG}$,

根据已知条件 $\dfrac{BP}{AP}+\dfrac{CQ}{QA}=1$,得 $\dfrac{2\times DG}{AG}=1$,即 $\dfrac{DG}{AG}=\dfrac{1}{2}$,

故 G 是 △ABC 的重心.

故图8-2-1

故选:C.

3.【解析】已知:△ABC 的内心和外心为 O,求证:△ABC 为正三角形.

证明:∵O 为 △ABC 的外心,

∴$OB=OC=OA$,∴∠OAB=∠OBA,∠OAC=∠OCA.

又∵O 为 △ABC 的内心,

∴∠OAB=∠OAC,∴∠OBA=∠OCA,

∴∠AOB=∠AOC=180°−2∠OAB,

∴△AOB≌△AOC,

∴$AB=AC$,同理 $AB=BC$,∴△ABC 是正三角形.

4.【解析】方法一:如图8-4-1,连接 AG,AI 且延长分别交 BC 于点 D,E,连接 IC,则 AD 为中线,AE,CI 为角平分线.

∵ GI∥BC,

∴ $\dfrac{AI}{IE}=\dfrac{AG}{GD}=2$.

在△CAE中，由角平分线定理得$\dfrac{AC}{CE}=\dfrac{AI}{IE}=2$，即$AC=2CE$，

同理$AB=2BE$.

∴ $AB+AC=2(BE+CE)=2BC$.

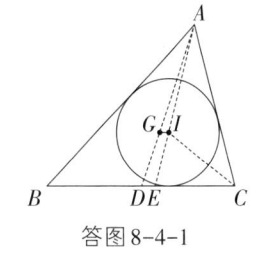

方法二：（利用面积公式），如图8-4-2，连接AG并延长交BC于点D，连接AI并延长交BC与点F，作IE⊥BC于点E，AH⊥BC于点H，则IE为内切圆I的半径，

设$IE=r$.

∵ IG∥BC,

∴ $\dfrac{IE}{AH}=\dfrac{IF}{AF}=\dfrac{DG}{AD}=\dfrac{1}{3}$，即$AH=3r$.

连接BI，CI，∴ $S_{\triangle ABC}=S_{\triangle ABI}+S_{\triangle BCI}+S_{\triangle ACI}=\dfrac{1}{2}r(AB+BC+CA)$.

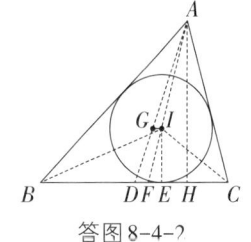

又∵ $S_{\triangle ABC}=\dfrac{1}{2}BC\cdot AH=\dfrac{1}{2}(AB+BC+CA)\cdot r$,

故 $\dfrac{1}{2}BC\cdot 3r=\dfrac{1}{2}(AB+BC+CA)\cdot r$,

即$2BC=AB+CA$.

5.【解析】已知：△ABC的垂心为H，重心为G，外心为O，求证：G，O，H三点共线，并且$HG=2OG$.

证明：（1）作△ABC的外接圆，连接OB，并延长BO交外接圆于点D，作中线AM，连接AD，CD，AH，CH，OH，OM，设AM交OH于点G'，如图8-5-1.

∵ BD是直径，∴ ∠BAD，∠BCD是直角，

∴ AD⊥AB，DC⊥BC，又∵ 点H是△ABC的垂心，

∴ CH⊥AB，AH⊥BC，∴ DA∥CH，DC∥AH，

∴ 四边形ADCH是平行四边形，∴ AH=DC.

∵ 点M是BC的中点，点O是BD的中点，

∴ $OM=\dfrac{1}{2}DC$，OM⊥BC，

∴ $OM=\dfrac{1}{2}AH$，OM∥CD，

∴ OM∥AH，

∴ △OMG'∽△HAG'，

∴ $\dfrac{AG'}{G'M}=\dfrac{2}{1}$，∴ 点G'是△ABC的重心，∴ 点G与点G'重合，

∴ G，O，H三点共线．

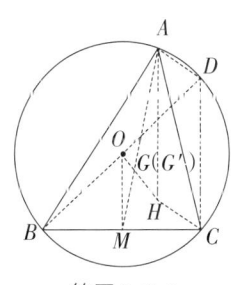

(2)由(1)知:△OMG∽△HAG,

∴$\dfrac{HG}{OG}=\dfrac{2}{1}$,则$HG=2OG$,

∴重心按2:1分割垂心和外心之间的距离.

6.【解析】如图8-6-1所示,延长GI和反向延长GI,分别交BC,AC于点N,M.

则由$\angle GIC=90°,\angle MCI=\angle NCI$,易证$\triangle CMN$为等腰三角形,则$CM=CN$.

过点G和I分别作AC和BC边的垂线GP,GO,IQ,IF.

设$\triangle ABC$的内切圆的半径为r,且令$AC=b,AB=c,BC=a$.

由面积法得$S_{\triangle CGM}+S_{\triangle CGN}=S_{\triangle CIM}+S_{\triangle CIN}$,

即$\dfrac{1}{2}CM\cdot GP+\dfrac{1}{2}CN\cdot GO=\dfrac{1}{2}\times 2r\cdot CN$,∴$GP+GO=2r$.

∵点G为$\triangle ABC$的重心,

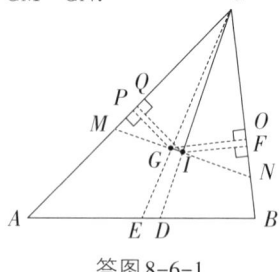

∴$GP=\dfrac{\dfrac{1}{3}S_{\triangle ABC}}{\dfrac{1}{2}b}=\dfrac{\dfrac{2}{3}S_{\triangle ABC}}{b}$,$GO=\dfrac{\dfrac{1}{3}S_{\triangle ABC}}{\dfrac{1}{2}a}=\dfrac{\dfrac{2}{3}S_{\triangle ABC}}{a}$.而$2r=2\times\dfrac{2S_{\triangle ABC}}{a+b+c}=\dfrac{4S_{\triangle ABC}}{a+b+c}$,

∴$\dfrac{\dfrac{2}{3}S_{\triangle ABC}}{b}+\dfrac{\dfrac{2}{3}S_{\triangle ABC}}{a}=\dfrac{4S_{\triangle ABC}}{a+b+c}$.化简得$\dfrac{1}{b}+\dfrac{1}{a}=\dfrac{6}{a+b+c}$.

∴$6ab=35(a+b)$.

又∵a,b为正整数,

∴设$ab=35k,a+b=6k$(k为正整数),则a,b为方程$t^2-6kt+35k=0$的两个根.

由$\Delta=(-6k)^2-4\times 35k\geqslant 0$和$k>0$,得$k\geqslant\dfrac{35}{9}$.

又∵$a+b=6k<35$,∴$k<\dfrac{35}{6}$,∴$k=4$或$k=5$.

①当$k=4$时,方程为$t^2-24t+140=0$,解得$t=14$或$t=10$.

∴$AB=35-14-10=11$.

②当$k=5$时,方程为$t^2-30t+175=0$,

解得$t=15+5\sqrt{2}$或$t=15-5\sqrt{2}$,没有整数解.

综上可知,$AB=11$.

第九讲　几何法与解析法

拓展应用

1.【解析】设符合条件的圆的圆心为点M,

∵圆过点$A(1,1),B(2,2)$,

∴圆心 M 在 AB 的中垂线 $y=-x+3$ 上,可设 M 坐标为

$(m,-m+3)$,

∵圆与 x 轴相切,

∴M 到 x 轴的距离等于 M 到 $A(1,1)$ 的距离,

∴$-m+3=\sqrt{(m-1)^2+(-m+3-1)^2}$.

∴$m=±2$,有两个.故选:C.

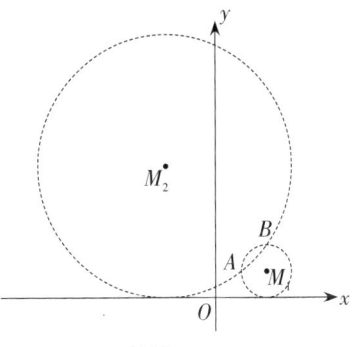

答图 9-1-1

2.【解析】如图 9-2-1,把 PA 绕点 A 沿逆时针方向旋转 $60°$,得 AD,则 $DA=PA$,

连接 CD,DP,CP,

∵△ABC 为等边三角形,

∴∠$BAC=60°$,$AC=AB$,

∴∠$DAC=$∠PAB,

在 △DAC 和 △PAB 中,

$\begin{cases} DA=PA, \\ \angle DAC=\angle PAB, \\ AC=AB, \end{cases}$

∴△DAC≌△PAB(SAS),

∴$DC=PB$.

∵$DA=PA$,∠$PAD=60°$,

∴△PAD 为等边三角形,

∴$PA=PD=AD$,

而 $PA=2$,$PB=3$,

∴$DC=3$.

∵在 △PCD 中,$PC≤DP+DC$(P,D,C 三点共线时取等),

∴$PC≤5$,

∴PC 所能达到的最大值为 5.故选:A.

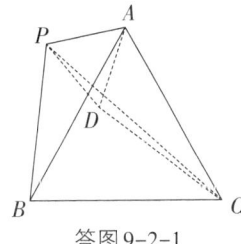

答图 9-2-1

3.【解析】作点 $A(2,3)$ 关于直线 $y=x$ 的对称点 $A_1(3,2)$,

作点 $A(2,3)$ 关于 y 轴的对称点 $A_2(-2,3)$,

连接 A_1B,CA_2,

∵$AB=A_1B$,$CA=CA_2$,

∴三角形 △ABC 的周长为 $AB+BC+CA=A_1B+BC+CA_2≥A_1A_2$,

∴周长最小为 $A_1(3,2)$ 和 $A_2(-2,3)$ 两点间距离,由距离公式得 $A_1A_2=\sqrt{26}$.

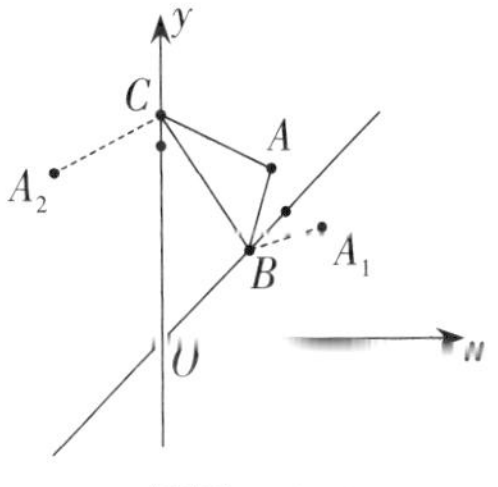

答图 9-3-1

161

4.【解析】将绳子拉紧展开时，绳头在平面上所经过的轨迹如图9-4-1所示，

∴ $C = \dfrac{1}{3} \times 2 \times \pi \times 1 + \dfrac{1}{3} \times 2 \times \pi \times 2 + \dfrac{1}{3} \times 2 \times \pi \times 3 = 4\pi$.

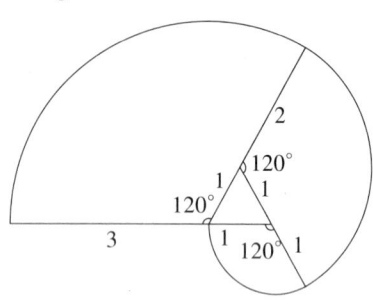

答图9-4-1

5.【解析】∵ $y = \sqrt{(x-4)^2 + (0-2)^2} + \sqrt{(x-0)^2 + (0-1)^2}$,

可令 $P(x,0), A(4,2), B(0,1)$,

则 $y = PA + PB$,

结合几何意义，作 B 关于原点的对称点 B'，则 $B'(0,-1)$,

可得 $y = PA + PB = PA + PB' \geq AB'$,

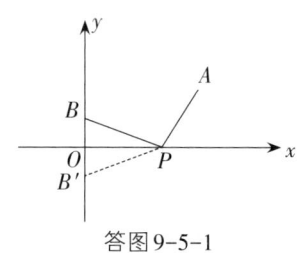

∴ $y_{\min} = 5$.

答图9-5-1

6.【解析】如图9-6-1，以顶点 A 为坐标原点，以 AB 所在直线为 x 轴建立直角坐标系，则 $A(0,0)$.

设 $B(a,0), D(b,c)$，作 $DD' \perp x$ 轴，$CC' \perp x$ 轴，垂足分别为点 D', C'.

由平行四边形的性质得点 C 的坐标为 $(a+b, c)$,

∵ $AB^2 = a^2, CD^2 = a^2, AD^2 = b^2 + c^2, BC^2 = b^2 + c^2$,

$AC^2 = (a+b)^2 + c^2, BD^2 = (b-a)^2 + c^2$,

∴ $AB^2 + CD^2 + AD^2 + BC^2 = 2(a^2 + b^2 + c^2)$,

$AC^2 + BD^2 = 2(a^2 + b^2 + c^2)$.

∴ $AB^2 + CD^2 + AD^2 + BC^2 = AC^2 + BD^2$.

因此，平行四边形四条边的平方和等于两条对角线的平方和.

答图9-6-1

第十讲 计数原理和组合数学

拓展应用

1.【解析】设取出的红球 x 个，黑球为 y 个，白球 z 个，有 $x + y + z = 10$，则用 (x, y, z) 的形式表示取出小球的情况.

根据题意,可得 x 可以取 2,3,4,5, y 可以取 0,1,2,3, z 可取 2,3,5,6,7,8.

则当取出 2 个红球,即 $x=2$ 时,有 (2,0,8)(2,1,7)(2,2,6)(2,3,5) 四种情况;

当取出 3 个红球,即 $x=3$ 时,有 (3,0,7)(3,1,6)(3,2,5)(3,3,4) 四种情况;

当取出 4 个红球,即 $x=4$ 时,有 (4,0,6)(4,1,5)(4,2,4)(4,3,3) 四种情况;

当取出 5 个红球,即 $x=5$ 时,有 (5,0,5)(5,1,4)(5,3,2)(5,2,3) 四种情况.

由分类计数原理,可得共有 $4+4+4+4=16$ 种情况.

2.【解析】依题意得,这样的四位数分别是 1026,1062,1206,1260,1602,1620,2016,2061,2106,2160,2601,2610,6012,6021,6102,6120,6201,6210.一共有 18 个这样的四位数,上面这些数就是按从小到大排列的,第 7 个数是 2016,故得出答案为 18,7.

3.【解析】图中所有长方形面积之和
$= [5+12+8+1+(5+12)+(12+8)+(8+1)+(5+12+8)+(12+8+1)+(5+12+8+1)]$
$\times [2+4+7+3+(2+4)+(4+7)+(7+3)+(2+4+7)+(4+7+3)+(2+4+7+3)]$
$= (26+17+20+9+25+21+26) \times (16+6+11+10+13+14+16)$
$= 144 \times 86$
$= 12384.$

故答案为:12384.

4.【解析】如图 10-4-1,A,B,C,D 代表四个人,线段 AB 表示 A,B 之间产生赠送行为 1 次,其他类似(共 6 条),则八件礼物放在六个抽屉中,必有两个礼物在同一线段上,而且题目要求每人的每两件礼物不能送给同一个人.

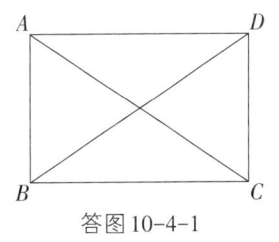

∴ 必有两对人互赠礼品.

答图 10-4-1

5.【解析】∵ 线段总和为 $1+2+3+\cdots+9=45$,

∴ 正方形的边长不超过 $\dfrac{45}{4}=11\dfrac{1}{4}$.

∵ $11=9+2=8+3=7+4=6+5$,

∴ 正方形的边长最多为 11.

∵ $6=1+5=2+4=3+3$,其中 $1,2,3,\cdots,9$ 的线段各一条,

∴ 正方形边长小于等于 6 的情况不存在,

∴ 正方形边长可以为 7,8,9,10,11.

∵ $7=1+6=2+5=3+4,8=1+7=2+6=3+5,10=9+1=8+2=7+3=6+4,11=9+2=8+3=7+4=6+5$,∴ 正方形边长为 7,8,10,11 的正方形各一个,共 4 个.

∵ $9=1+8=2+7=3+6=4+5$,

∴ 边长为 9 的边有 5 种,能组成 5 种不同的正方形.

综上所述,有 9 种不同的方法组成正方形.

6.【解析】分两种情形讨论(不妨设 $BC=1$),

①若 $\angle A \geqslant 90°$,则以 BC 为直径的圆即为 $\triangle ABC$ 的最小覆盖圆(最小性是显然的),

∴其覆盖半径 $r \geqslant \dfrac{1}{2}$.

②若 $\angle A < 90°$,则可设圆 O 能覆盖 $\triangle ABC$,我们在圆 O 内平移 $\triangle ABC$,使一个顶点 B 落在圆周上,再经过旋转,使另一个顶点 C 也落在圆周上,此时第三个顶点 A 在圆 O 内或圆周上,设 BC 所对的圆周角为 α,则 $90° > \angle A \geqslant \alpha$,因此圆 O 的直径 $= \dfrac{BC}{\sin \alpha} = \dfrac{1}{\sin \alpha} \geqslant \dfrac{1}{\sin \angle A} = \triangle ABC$ 的外接圆直径,故这时 $\triangle ABC$ 的最小覆盖圆为 $\triangle ABC$ 的外接圆,从而其覆盖半径 $r = \dfrac{1}{2\sin \angle A}$,∵$BC$ 为 $\triangle ABC$ 的最大边,∴$\angle A$ 为最大角,∴$60° \leqslant \angle A < 90°$,从而有 $\dfrac{1}{2} = \dfrac{1}{2\sin 90°} < r \leqslant \dfrac{1}{2\sin 60°} = \dfrac{\sqrt{3}}{3}$.

综上所述,能将 $\triangle ABC$ 完全覆盖的圆的半径的取值范围是 $\dfrac{1}{2} \leqslant r \leqslant \dfrac{\sqrt{3}}{3}$.

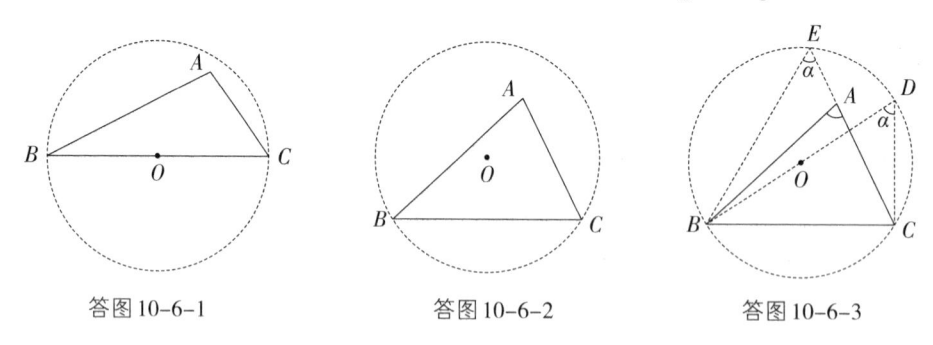

答图 10-6-1　　答图 10-6-2　　答图 10-6-3

第十一讲　概率与统计及其运用

拓展应用

1.【解析】如图 11-1-1,设 $\triangle ABC$ 的底边长 $BC=a$,高 $AD=h$,

则 $S=\dfrac{1}{2}ah$,若满足 $\triangle PBC$ 的面积小于 $\dfrac{S}{2}$,

则 P 点应位于过 AD 中点的与 BC 平行的线段下方,

∴测度比为下方梯形的面积除以原三角形的面积.

即 $p=\dfrac{S-\dfrac{1}{2}\times \dfrac{1}{2}a \times \dfrac{1}{2}h}{S}=\dfrac{S-\dfrac{1}{4}S}{S}=\dfrac{3}{4}$.

故选:D.

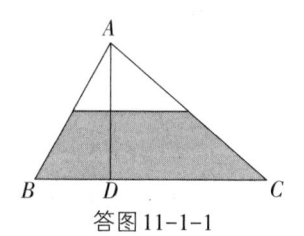

答图 11-1-1

2.【解析】根据条形图得:平均数是 $\bar{x}=\dfrac{1}{50}\times(5\times0+20\times0.5+10\times1+10\times1.5+5\times2)=0.9$;

即这50名学生一天平均每人的课外阅读时间为0.9小时.

故选:B.

3.【解析】去掉一个最高分和一个最低分后,所剩数据为9.4,9.4,9.6,9.4,9.7,

其平均值为 $\dfrac{1}{5}\times(9.4+9.4+9.6+9.4+9.7)=9.5$,

方差为 $\dfrac{1}{5}\times[(9.4-9.5)^2+(9.4-9.5)^2+(9.6-9.5)^2+(9.4-9.5)^2+(9.7-9.5)^2]=0.016$,

故答案为:0.016.

4.【解析】(1)如图11-4-1,画树状图得:

经过三次传球后,球仍回到甲手中的概率 $P_{(球回到甲中)}=\dfrac{2}{8}=\dfrac{1}{4}$;

答图11-4-1　　　答图11-4-2

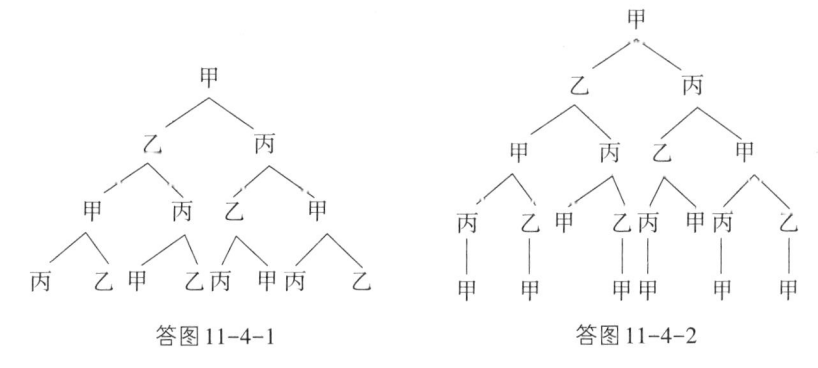

(2)如图11-4-2,画树状图得:经过4次传球后,球仍回到甲手中的不同传球的方法共有6种;

(3)①当 $n=1$ 时,$P_{(球回到甲手中)}=0$,$P_{(球回到乙手中)}=P_{(球回到丙手中)}=\dfrac{1}{2}$,

∴$P_{(球回到甲手中)}<P_{(球回到乙手中)}=P_{(球回到丙手中)}$;

②当 $n=2$ 时,$P_{(球回到甲手中)}=\dfrac{1}{2}$,$P_{(球回到乙手中)}=P_{(球回到丙手中)}=\dfrac{1}{4}$,

∴$P_{(球回到甲手中)}>P_{(球回到乙手中)}=P_{(球回到丙手中)}$;

③当 $n=3$ 时,$P_{(球回到甲手中)}=\dfrac{1}{4}$,$P_{(球回到乙手中)}=P_{(球回到丙手中)}=\dfrac{3}{8}$,

∴$P_{(球回到甲手中)}<P_{(球回到乙手中)}=P_{(球回到丙手中)}$;

④当 $n=4$ 时,$P_{(球回到甲手中)}=\dfrac{3}{8}$,$P_{(球回到乙手中)}=P_{(球回到丙手中)}=\dfrac{5}{16}$,

∴$P_{(球回到甲手中)}>P_{(球回到乙手中)}=P_{(球回到丙手中)}$;

……

∴猜想：

当n为奇数时，$P_{(球回到甲手中)} < P_{(球回到乙手中)} = P_{(球回到丙手中)}$，

当n为偶数时，$P_{(球回到甲手中)} > P_{(球回到乙手中)} = P_{(球回到丙手中)}$．

5.【解析】(1)∵$x_1, x_2, x_3, \cdots, x_n$的平均数是$\bar{x}$，$\bar{x} = \dfrac{x_1 + x_2 + \cdots + x_n}{n}$，$ab \neq 0$，

∴数据$ax_1, ax_2, ax_3, \cdots, ax_n$的平均数为$\dfrac{ax_1 + ax_2 + \cdots + ax_n}{n} = \dfrac{a \cdot (x_1 + x_2 + \cdots + x_n)}{n} = a\bar{x}$，

∴数据$ax_1 + b, ax_2 + b, ax_3 + b, \cdots, ax_n + b$的平均数

$\overline{x'} = \dfrac{(ax_1 + b) + (ax_2 + b) + \cdots + (ax_n + b)}{n} = \dfrac{a(x_1 + x_1 + \cdots + x_n) + nb}{n} = a\bar{x} + b$；

(2)∵$x_1, x_2, x_3, \cdots, x_n$的方差是$s^2$，平均数是$\bar{x}$，

∴数据$ax_1 + b, ax_2 + b, ax_3 + b, \cdots, ax_n + b$的平均数为$\overline{x'} = a\bar{x} + b$，

∴数据$ax_1 + b, ax_2 + b, \cdots, ax_n + b$的方差

$s'^2 = \dfrac{\left[(ax_1 + b - \overline{x'})^2 + (ax_2 + b - \overline{x'})^2 + \cdots + (ax_n + b - \overline{x'})^2\right]}{n}$

$= \dfrac{\left[a^2(x_1 - \bar{x})^2 + a^2(x_2 - \bar{x})^2 + \cdots + a^2(x_n - \bar{x})^2\right]}{n}$

$= \dfrac{a^2\left[(x_1 - \bar{x})^2 + (x_2 - \bar{x})^2 + \cdots + (x_n - \bar{x})^2\right]}{n}$

$= a^2 s^2$．

6.【解析】(1)"投了2次骰子，棋子才到达顶点B"包含两种情况：

"第一次不动，第二次移到点B""第一次移到C或D，第二次移到B"．

∴棋子不动的概率为$\dfrac{1}{2}$，棋子移动到B, C, D的概率均为$\dfrac{1}{6}$，

投2次骰子，棋子到达B的方式为：$A \to A \to B, A \to C \to B, A \to D \to B$，

∴所求概率为$P = \dfrac{1}{2} \times \dfrac{1}{6} + \dfrac{1}{6} \times \dfrac{1}{6} + \dfrac{1}{6} \times \dfrac{1}{6} = \dfrac{5}{36}$．

(2)"投掷3次骰子，棋子恰巧在顶点B"包含三种情况：

①"三次中棋子恰移动一次"，即包含三种情况$A \to A \to A \to B, A \to A \to B \to B$，$A \to B \to B \to B$，

∴$P_1 = \dfrac{1}{2} \times \dfrac{1}{2} \times \dfrac{1}{6} + \dfrac{1}{2} \times \dfrac{1}{6} \times \dfrac{1}{2} + \dfrac{1}{6} \times \dfrac{1}{2} \times \dfrac{1}{2} = 3 \times \left(\dfrac{1}{2}\right)^2 \times \dfrac{1}{6} = \dfrac{1}{8}$；

②"三次中棋子恰移动两次"：即包含六种情况$A \to A \to C \to B, A \to A \to D \to B$，

$A \to C \to C \to B, A \to D \to D \to B, A \to C \to B \to B, A \to D \to B \to B$，

$$\therefore P_2 = 6 \times \left(\frac{1}{6}\right)^2 \times \frac{1}{2} = \frac{1}{12};$$

③ "三次中棋子恰移动三次"：即包含七种情况 $A \to B \to A \to B$, $A \to B \to C \to B$, $A \to B \to D \to B$, $A \to C \to A \to B$, $A \to C \to D \to B$, $A \to D \to A \to B$, $A \to D \to C \to B$,

$$\therefore P_3 = 7 \times \left(\frac{1}{6}\right)^3 = \frac{7}{216}.$$

所求概率为 $P = P_1 + P_2 + P_3 = \frac{1}{8} + \frac{1}{12} + \frac{7}{216} = \frac{13}{54}.$

第十二讲　简单的数论知识

拓展应用

1. 【解析】根据题意，使用筛选法：

先考察题设等式 $1983 - 1982x - 1981y$，左边是奇数，而 $1982x$ 是偶数，故 $1981y$ 也应是奇数，则 y 为奇数，即可否定 A, B，将 C, D 分别代入，首先考虑末位，代入 C 时，左右两边的末位数相同；代入 D 时，右边的末位数为 $2 \times 7 - 5 = 9$，左边的末位为 3，故 D 必错. 故选：C.

2. 【解析】不一定，因为当 $n = 5$ 时，$n(n+1)(n+2) = 5 \times 6 \times 7$，不是 12 的倍数.

3. 【解析】方法一：分组分解法

将方程左边分组，得 $(x^3 + 2x^2) - (x+2) = 0$,

$x^2(x+2) - (x+2) = 0$,

$(x+2)(x^2-1) = 0$,

$(x+2)(x+1)(x-1) = 0$,

由此得 $x + 2 = 0$ 或 $x + 1 = 0$ 或 $x - 1 = 0$.

$\therefore$ 原方程有三个实数根：$x_1 = -2, x_2 = -1, x_3 = 1.$

方法二：短除法

通过观察，发现 $x = 1$ 是 $x^3 + 2x^2 - x - 2 = 0$ 的一个根，

$\therefore$
$$\begin{array}{r} x^2 + 3x + 2 \\ x-1 \overline{\smash{\big)}\, x^3 + 2x^2 - x - 2} \\ \underline{x^3 - x^2} \\ 3x^2 - x \\ \underline{3x^2 - 3x} \\ 2x - 2 \\ \underline{2x - 2} \\ 0 \end{array}$$
$\therefore x^3 + 2x^2 - x - 2 = (x-1)(x^2 + 3x + 2).$

∵ $x^2+3x+2=(x+1)(x+2)$,

∴ $x^3+2x^2-x-2=(x-1)(x+1)(x+2)=0$, ∴ 原方程有三个实数根: $x_1=-2$, $x_2=-1$, $x_3=1$.

4.【解析】∵ $p^3-6p^2+9p=p(p-3)^2$,

①当 $p=2$ 时, $p^3-6p^2+9p=p(p-3)^2=2×(2-3)^2=2$, 只有正因数 $1,2$;

②当 $p=3$ 时, $p^3-6p^2+9p=p(p-3)^2=3×(3-3)^2=0$, 无正因数;

③当 $p>3$ 时, $(p,p-3)=(p,3)=1$,

∵ p 有 2 个因数, ∴ $(p-3)^2$ 有 15 个因数, 而 $15=5×3$, 为使 p 最小, $p-3$ 又是偶数,

∴ $(p-3)^2=2^4×3^2$ 或 $(p-3)^2=2^4×5^2$. 从而 $p=15$(舍去)或 $p=23$.

因此, p 的最小值为 23.

5.【解析】此题应解出 y 后直接用除法分离, $y=\dfrac{(-3x^2+2x+35)}{7x-5}$, $y=\dfrac{-3x}{7}-\dfrac{1}{49}+\dfrac{1710}{49(7x-5)}$,

∴ $49y=-21x-1+\dfrac{1710}{(7x-5)}$.

∵ $7x-5$ 必为 1710 的约数, 1710 的约数较多, 为简便起见, 尚可根据 x,y 是正整数作些讨论:

∵ $x\geq 1$, ∴ $7x-5\geq 2$.

∵ $y\geq 1$, ∴ $y=\dfrac{(-3x^2+2x+35)}{7x-5}\geq 1$,

∴ $-3x^2+2x+35\geq 7x-5\geq 2$,

∴ $3x^2-2x-33\leq 0$, $(x+3)(3x-11)\leq 0$.

∵ $x+3\geq 4$, ∴ $3x-11\leq 0$, ∴ $x\leq 3$,

故只 x 可能取 $1,2,3$.

若 $x=1$, 则 $7x-5=2$ 是 1710 的约数;

若 $x=2$, 则 $7x-5=9$ 是 1710 的约数;

若 $x=3$, 则 $7x-5=16$ 不是 1710 的约数.

以 $x=1, x=2$ 分别代入 y 的表达式, 相应求出 $y=17, y=3$,

∴ 得两组解为 $\begin{cases}x=1,\\y=17\end{cases}$ 和 $\begin{cases}x=2,\\y=3.\end{cases}$

6.【解析】显然方程有 $x=y=z=0$ 的整数解, 下证这是唯一的整数解.

设 x_0,y_0,z_0 为方程的另一个整数解, 则由 $x_0^2+y_0^2+z_0^2=2x_0y_0z_0$ 知, x_0,y_0,z_0 中至少有一个偶数, 由对称性, 不妨设 $x_0=2x_1$, 代入方程, 整理后得 $y_0^2+z_0^2=4x_1(y_0z_0-x_1)$. ①

由此知, y_0,z_0 必都为偶数(否则, 与①中右端是 4 的倍数矛盾), 故又可令 $y_0=2y_1, z_0=2z_1(x_0=2x_1)$, 代入原方程得: $x_1^2+y_1^2+z_1^2=4x_1y_1z_1$.

这就说明, 若 x_0,y_0,z_0 为方程的解, 则 x_0,y_0,z_0 必全为偶数, 且 $\dfrac{x_0}{2}, \dfrac{y_0}{2}, \dfrac{z_0}{2}$ 也是方程的解.

重复上述过程得,对任何自然数 n, $\dfrac{x_0}{2^n}$, $\dfrac{y_0}{2^n}$, $\dfrac{z_0}{2^n}$ 全为偶数且为方程的解. 这时,只有 $x_0=y_0=z_0=0$ 才行,因而方程只有唯一的一组整数解 $x=y=z=0$.

衔接训练(一)

一、选择题

题号	1	2	3	4	5	6	7	8
答案	C	A	B	C	A	B	B	D

二、填空题

9. $\dfrac{\pi}{6}$; 10. $-\dfrac{1}{2} \leqslant x \leqslant 0$; 11. $\dfrac{l}{a}-1$; 12. 135,100; 13. $3\sqrt{5}$, $\dfrac{5}{2}$; 14. 63,55.

三、解答题

15. 解:过点 D 作 $DE \perp AB$,垂足为点 E,设 $DE=x$.

$\because \angle C=90°, \angle ADC=45°, DC=6, \therefore AC=DC=6, AD=6\sqrt{2}$.

又 $\because \sin B=\dfrac{3}{5}, \therefore AB=\dfrac{AC}{\sin B}=10, BC=AB\cos B=8$,

$\therefore BD=BC-DC=8-6=2$.

在 Rt$\triangle ADE$ 和 Rt$\triangle BDE$ 中,由勾股定理,得

$AE=\sqrt{AD^2-DE^2}=\sqrt{72-x^2}$, $BE=\sqrt{BD^2-DE^2}=\sqrt{4-x^2}$,

而 $AE+BE=AB=10$, $\therefore \sqrt{72-x^2}+\sqrt{4-x^2}=10$. 解得 $DE=x=\dfrac{6}{5}$.

$\therefore AE=\sqrt{72-\dfrac{36}{25}}=\dfrac{42}{5}$,从而 $\tan\angle BAD=\dfrac{DE}{AE}=\dfrac{6}{5}\times\dfrac{5}{42}=\dfrac{1}{7}$.

16. 解:设甲、乙各自单独完成该项工程分别需要 x 天、y 天.

由已知,得 $\dfrac{3}{x}+\left(\dfrac{1}{x}+\dfrac{1}{y}\right)=1$,即 $\dfrac{4}{x}+\dfrac{1}{y}=1$.

$\therefore y=\dfrac{1}{1-\dfrac{4}{x}}=\dfrac{x}{x-4}=\dfrac{x-4+4}{x-4}=1+\dfrac{4}{x-4}$.

$\because x, y$ 是正整数, $\therefore x-4$ 是 4 的正约数.

$\therefore x-4=1$ 或 $x-4=2$ 或 $x-4=4$, $\therefore \begin{cases}x=5,\\y=5\end{cases}$ 或 $\begin{cases}x=6,\\y=3\end{cases}$ 或 $\begin{cases}x=8,\\y=2.\end{cases}$

答:甲单独完成该项工程需要 5 天或 6 天或 8 天;乙单独完成该项工程需要 5 天或 3 天或 2 天.

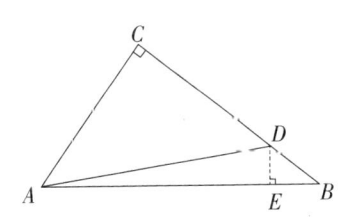

17. 证明:将△ADF绕点A按顺时针方向旋转90°,
使点D与点B重合,点F到达点F'.

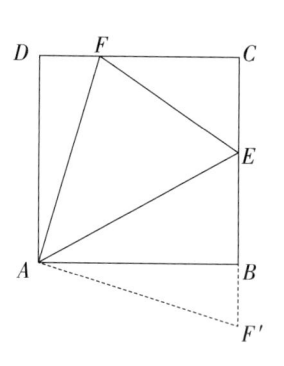

$\because \angle ABE = \angle ABF' = 90°$,

$\therefore F', B, E$三点共线.

在△AEF和△AEF'中,

$\because \angle EAF = 45°$,

$\therefore \angle EAF' = \angle EAB + \angle BAF' = \angle EAB + \angle DAF = 45°$,

$\therefore \angle EAF = \angle EAF'$.

又$\because AF = AF', AE = AE$,

$\therefore \triangle AEF \cong \triangle AEF', \therefore EF = EF' = BE + BF' = BE + DF$.

18. 解:由已知 $\begin{cases} x + 2y = z + 6, \\ x - y = -2z + 3, \end{cases}$ 解得 $\begin{cases} x = 4 - z, \\ y = 1 + z. \end{cases}$ 而 x, y, z 均为非负实数,

$\therefore \begin{cases} 4 - z \geq 0, \\ 1 + z \geq 0, \\ z \geq 0, \end{cases}$ 解得 $0 \leq z \leq 4$.

$\therefore x^2 + y^2 + z^2 = (4-z)^2 + (1+z)^2 + z^2 = 3z^2 - 6z + 17 = 3(z-1)^2 + 14$,其中$0 \leq z \leq 4$.

$\therefore$当$x=3, y=2, z=1$时,$x^2+y^2+z^2$取得最小值14;

当$x=0, y=5, z=4$时,$x^2+y^2+z^2$取得最大值41.

19. 解:连接AO并延长交$\odot O$于点D,连接CD,则$\angle ACD = 90°$.

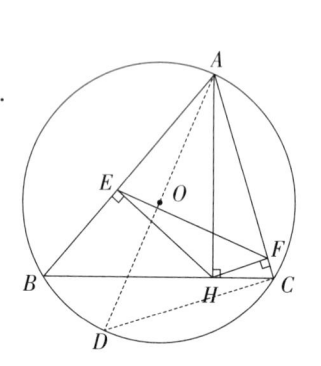

$\because AH \perp BC, HE \perp AB$,

$\therefore \angle AEH = 90° = \angle ACD$,

$\therefore \angle EAH = 90° - \angle B = 90° - \angle D = \angle CAD$,

$\therefore \triangle AEH \sim \triangle ACD, \therefore \dfrac{AE}{AC} = \dfrac{AH}{AD}$. ①

又$\because HE \perp AB, HF \perp AC$,

$\therefore AH$的中点到A, E, H, F四点的距离相等,从而A, E, H, F四点共圆.

$\therefore \angle AFE = \angle AHE = 90° - \angle BAH = \angle B$.

又$\because \angle EAF = \angle CAB$,

$\therefore \triangle AEF \sim \triangle ACB, \therefore \dfrac{EF}{BC} = \dfrac{AE}{AC}$. ②

由①②得$\dfrac{EF}{BC} = \dfrac{AH}{AD}, BC \cdot AH = AD \cdot EF = 12 \times 7 = 84, \therefore \triangle ABC$的面积$S = \dfrac{1}{2} BC \cdot AH = 42$.

20. 结论:不可能存在实数x_0,使得$y_0 = x_0^2 + ax_0 + b < 0$.

用反证法证明如下:假设存在实数x_0,使得$y_0 = x_0^2 + ax_0 + b < 0$.

$\because$二次项系数为$1 > 0$,抛物线$y = x^2 + ax + b$开口向上,

∴ $\Delta = a^2 - 4b > 0$, 而 a, b 是整数,

∴ $a^2 - 4b$ 是整数, ∴ $a^2 - 4b \geq 1$.

设方程 $x^2 + ax + b = 0$ 的两实根为 x_1, x_2, 则 $|x_1 - x_2| = \sqrt{(x_1+x_2)^2 - 4x_1x_2} = \sqrt{a^2 - 4b} \geq 1$,

∴ 在 x_1 与 x_2 之间(包括 x_1 与 x_2)一定存在一个整数 x_0, 使得 $y_0 = x_0^2 + ax_0 + b \leq 0$.

此与条件"对于所有的整数 x, 都有 $y > 0$"矛盾. ∴ 假设不成立.

∴ 不可能存在实数 x_0, 使得 $y_0 = x_0^2 + ax_0 + b < 0$. 即对于任意的实数 x, 都有 $y \geq 0$.

衔接训练(二)

一、选择题

题号	1	2	3	4	5	6	7	8	9	10
答案	C	C	B	A	D	B	D	C	A	A

二、填空题

11. $4 - \pi$; 12. $\sqrt{2}$; 13. $y = \frac{3\sqrt{3}}{8}x^2 - \frac{\sqrt{3}}{2}x + \frac{\sqrt{3}}{4}$; 14. 1;

15. $2 - \frac{\pi}{2}$; 16. $\frac{7}{2}$ 或 4; 17. $4\sqrt{2} - \sqrt{3}$; 18. $1 < m < 5$.

三、解答题

19. 解: 原式 $= \left[\frac{a-2}{a(a+2)} - \frac{a-1}{(a+2)^2}\right] \times \frac{a+2}{a-4} = \frac{(a-2)(a+2) - a(a-1)}{a(a+2)^2} \times \frac{a+2}{a-4}$

$= \frac{a-4}{a(a+2)^2} \times \frac{a+2}{a-4} = \frac{1}{a^2 + 2a}$,

∵ $a^2 + 2a - 1 = 0$, ∴ $a^2 + 2a = 1$, 则原式 $= 1$.

20. (1) 证明: 在 △ADE 和 △CDE 中,

∵ $AD = DC, DE = DE, \angle ADE = \angle CDE = 45°$,

∴ △ADE ≌ △CDE, ∴ $\angle ECF = \angle DAE$.

∵ $AD // BG$, ∴ $\angle DAE = \angle G$, 则 $\angle ECF = \angle G$.

又 ∵ △FCG 为直角三角形, 且点 H 是 FG 的中点,

∴ $HC = HG$, $\angle G = \angle HCG$, ∴ $\angle ECF = \angle HCG$.

∴ $\angle ECH = \angle ECF + \angle FCH = \angle HCG + \angle FCH = 90°$. ∴ 以线段 EH 为直径的圆经过点 C.

(2) 解: 如果 $EF = FH$, ∵ △ECH 为直角三角形, 则 $CF = FH$.

又 ∵ $FH = HG$, ∴ $FG = 2FC$, 则 $\angle G = 30°$, $\tan \angle G = \tan 30° = \frac{\sqrt{3}}{3}$.

21. 解: (1) 集合 {1, 2} 不是"实验"集合, 集合 {1, 3, 5} 是"实验"集合.

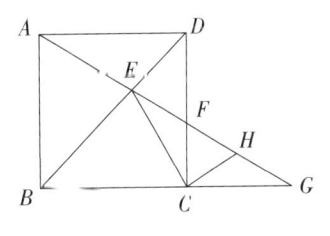

(2)因为当整数 a 是"实验"集合的元素时，$6-a$ 也是这个集合的元素，因此，整数 3 可以单独在集合内，整数 1 与 5，2 与 4 要么都在集合中，要么都不在集合中．满足条件的集合共有 7 个，它们是 $\{3\},\{1,5\},\{2,4\},\{1,3,5\},\{2,3,4\},\{1,2,4,5\},\{1,2,3,4,5\}$．

(3)因为 2013 是奇数，所以在给出的这个"实验"集合中含有 3．除 3 外，将剩下的 2012 个数按 a 与 $6-a$ 两两配对，共有 1006 对，每一对的和都是 6．因此，这 2013 个元素的和等于 $1006\times 6+3=6039$．

22.(1)证明：过点 P 作 $PH\perp$ 直线 $y=-1$，垂足为点 H，设点 P 的坐标为 $(t,\frac{1}{4}t^2)$，

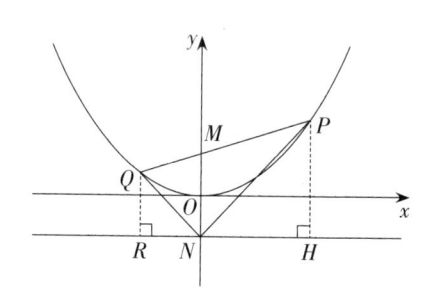

则 $PM=\sqrt{(t-0)^2+(\frac{1}{4}t^2-1)^2}=\sqrt{\frac{1}{16}t^4+\frac{1}{2}t^2+1}$

$=\sqrt{(\frac{1}{4}t^2+1)^2}=\frac{1}{4}t^2+1$.

∵点 P 到直线 $y=-1$ 的距离 $PH=\frac{1}{4}t^2-(-1)=\frac{1}{4}t^2+1$，

∴$PM=PH$.

∴以点 P 为圆心，PM 为半径的圆与直线 $y=-1$ 相切．

(2)过点 Q 作 $QR\perp$ 直线 $y=-1$，垂足为点 R，根据(1)的证明，同理可得 $QM=QR$，

∵ $QR//MN//PH$，∴ $\frac{RN}{NH}=\frac{QM}{MP}$，∴ $\frac{RN}{NH}=\frac{QR}{PH}$．

又∵ $\angle QRN=\angle PHN=90°$，∴ Rt$\triangle QRN\sim$Rt$\triangle PHN$，∴ $\angle QNR=\angle PNH$．

∴ $\angle PNM=\angle QNM$．

23.解：(1)由图可知 $a<0,b>0,c<0$，

∵抛物线过点 $A(4,-6)$ 和点 $B(0,-2)$，

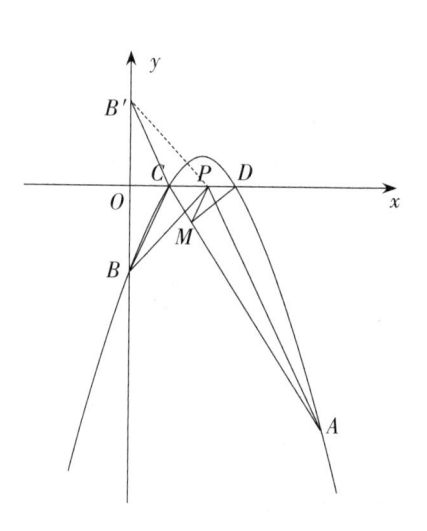

∴ $16a+4b+c=-6$，①

$c=-2$．②

又∵ $\triangle ACD$ 的面积为 3，∴线段 CD 的长度为 1．

设方程 $ax^2+bx+c=0$ 的两根为 x_1,x_2，则 $|x_1-x_2|=1$，

即 $(x_1+x_2)^2-4x_1x_2=1$，

根据根与系数关系 $x_1+x_2=-\frac{b}{a},x_1x_2=\frac{c}{a}$，得

$(-\frac{b}{a})^2-4\cdot\frac{c}{a}=1$，即 $b^2-4ac=a^2$．③

由①②③，解得 $\begin{cases}a=-1,\\b=3,\\c=-2\end{cases}$ 或 $\begin{cases}a=-\frac{1}{15},\\b=-\frac{11}{15},\\c=-2.\end{cases}$（舍去）

∴ $a=-1, b=3, c=-2$.

(2) ∵ 方程 $-x^2+3x-2=0$ 的两根为 $x_1=1, x_2=2$,

∴ 点 C 的坐标为 $(1,0)$, 点 D 的坐标为 $(2,0)$.

∵ 点 $B(0,-2)$ 关于 x 轴的对称点为 $B'(0,2)$, 直线 AB' 的方程为 $y=-2x+2$,

∴ 点 C 在直线 AB' 上, 则 $CA+CB=AB'$, ∴ $PA+PB=PA+PB' \geqslant AB'$,

∴ 当点 P 为点 C 时, $PA+PB=CA+CB$, 当点 P 不是点 C 时, $PA+PB>CA+CB$.

(3) 当 $PM//BC$ 时, 直线 PM 的方程为 $y=2x-2t$,

由 $\begin{cases} y=-2x+2, \\ y=2x-2t, \end{cases}$ 解得点 M 的坐标为 $(\frac{t+1}{2}, 1-t)$.

∵ $DP=2-t$, ∴ △PMD 的面积 $S=\frac{1}{2}(2-t)(t-1)$,

∴ S 与 t 的函数关系式为: $S=-\frac{1}{2}t^2+\frac{3}{2}t-1 (1 \leqslant t \leqslant 2)$.

(4) ∵ $S=-\frac{1}{2}t^2+\frac{3}{2}t-1=-\frac{1}{2}(t-\frac{3}{2})^2+\frac{1}{8}$,

∴ 当 $t=\frac{3}{2}$ 时, S 取得最大值 $\frac{1}{8}$, 此时点 P 的坐标为 $(\frac{3}{2}, 0)$.

衔接训练(三)

一、选择题

题号	1	2	3	4	5	6	7	8	9	10
答案	C	C	A	B	A	D	B	B	B	A

二、填空题

11. 23; 12. 31; 13. $\frac{1}{9}$; 14. $\frac{3}{2}$; 15. -63; 16. $45°$.

三、解答题

17. 解: (1) 原式 $=\sqrt{2}+1-3\times\frac{1}{3}+2(1-\frac{\sqrt{2}}{2})=2$.

(2) 令 $\frac{3x+1}{x^2+3x+2}=t$, 则 $2t=5-\frac{2}{t}$, 解得 $t=2$ 或 $t=\frac{1}{2}$.

由 $\frac{3x+1}{x^2+3x+2}=2$, 即 $2x^2+3x+3=0$, 方程无解;

由 $\frac{3x+1}{x^2+3x+2}=\frac{1}{2}$, 即 $x^2-3x=0$, 解得 $x=0$ 或 $x=3$.

18. 解：(1)∵点 A 的坐标为 $(4,2)$，∴ $2=\dfrac{k}{4}$，则 $k=8$.

(2)依题意得，四边形 $PBQA$ 为平行四边形，△POA 的面积为平行四边形 $PBQA$ 面积的四分之一，即 $S_{\triangle POA}=6$. 设点 P 的坐标为 $(t,\dfrac{8}{t})(t>0)$，

∵ $S_{\triangle POA}=S_{\triangle POP_1}+S_{梯形 PP_1A_1A}-S_{\triangle OAA_1}$，

∴ $6=\dfrac{1}{2}\cdot t\cdot\dfrac{8}{t}+\dfrac{1}{2}(\dfrac{8}{t}+2)(4-t)-\dfrac{1}{2}\cdot 4\cdot 2$，

即 $t^2+6t-16=0$，解得 $t=2$ 或 $t=-8$（舍去）.

∴点 P 的坐标为 $(2,4)$.

19. 解：设 $PB=x$，则

(1)依题意，$\sqrt{(4-x)^2-4}=\sqrt{x^2-1}$，解得 $x=\dfrac{13}{8}$，∴ $PB=\dfrac{13}{8}$.

(2)假设存在，则 $[(4-x)^2-4]+(x^2-1)=4$，解得 $x=2\pm\dfrac{\sqrt{2}}{2}$.

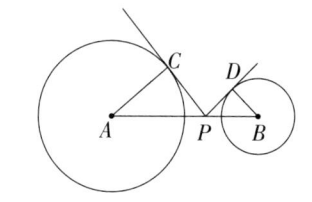

∵ $1<x<2$，∴ $x=2-\dfrac{\sqrt{2}}{2}$.

∴满足条件的点 P 存在，且只有一个这样的点 P，此时 $PB=2-\dfrac{\sqrt{2}}{2}$.

(3)∵△APC 和△PBD 都是直角三角形，

∴要使△APC∽△PBD 除 $PC\perp PD$ 外，只有 $\angle CPA=\angle DPB$，则 $\dfrac{2}{4-x}=\dfrac{1}{x}$，解得 $x=\dfrac{4}{3}$.

∴当满足 $PB=\dfrac{4}{3}$ 时，△APC 与△PBD 相似，此时直线 PC 与⊙B 相切.

20. 解：(1)依题意△ADC 为等边三角形，当 $CD\perp EF$ 时，$\angle EDA=30°$，∴ $\angle BAC=60°$，

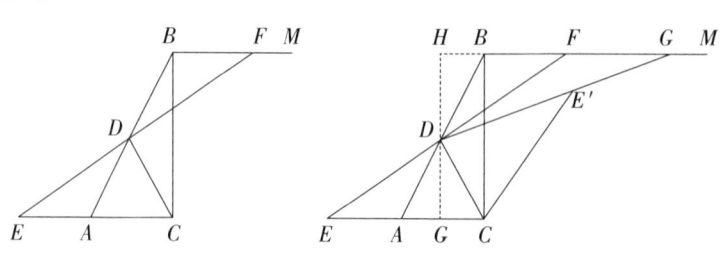

∴ $\angle DEA=30°$，∴ $EA=AD=4$.

∵ D 为 AB 中点，$BF//AE$，∴△$EDA\cong△FDB$.

∴ $BF=EA=4$.

(2)∵△$EDC\cong△E'DC$，

∴ $\angle ACE'=2\angle DCA=120°$，$AD//CE'$，则 $\angle BFD=\angle DEC=\angle DE'C=\angle BDG$.

又∵ $\angle FBD=\angle DBG$，∴△BDF∽△BGD，∴ $BD^2=BF\cdot BG$.

∵ $BD=4$, $BF=AE$, ∴ 当 $AE=x$ 时, $BG=\dfrac{16}{x}$.

∵ $DH=DG=2\sqrt{3}$, ∴ $S_{\triangle DFG}=\dfrac{1}{2}FG\cdot DH=\dfrac{1}{2}\left(\dfrac{16}{x}-x\right)\cdot 2\sqrt{3}=\dfrac{16\sqrt{3}-\sqrt{3}\,x^2}{x}$.

∵ 当 $CD\perp EF$ 时, $BF=4$, ∴ 依题意, x 的取值范围为 $0<x<4$.

∴ y 关于 x 的函数解析式为 $y=\dfrac{16\sqrt{3}-\sqrt{3}\,x^2}{x}$ $(0<x<4)$.

(3) 令 $\dfrac{16\sqrt{3}-\sqrt{3}\,x^2}{x}=6\sqrt{3}$, 即 $x^2+6x-16=0$, 解得 $x=2$ 或 $x=-8$(舍去).

∴ AE 的长为 2.

21. 解: (1) 设抛物线方程为 $y=a(x+2)(x-4)$,

∵ 抛物线过点 $C(0,8)$, ∴ $8=a(0+2)(0-4)$, 即 $a=-1$.

∴ 抛物线的解析式为 $y=-x^2+2x+8$, 点 D 的坐标为 $(1,9)$.

(2) 假设存在满足条件的点 P, 设点 P 坐标为 $(2,t)$,

则 $PO=\sqrt{4+t^2}$,

由 $C(0,8)$, $D(1,9)$, 得直线 CD 的方程为 $y=x+8$, 则 $MN=10$.

∵ Rt$\triangle MQP\sim\triangle MNE$, ∴ $\dfrac{PQ}{NE}=\dfrac{MP}{ME}$.

∴ 当 $PQ=OP$ 时, 有 $\dfrac{\sqrt{4+t^2}}{10}=\dfrac{|10-t|}{10\sqrt{2}}$, 即 $t^2+20t-92=0$, $t=8\sqrt{3}-10$ 或 $t=-8\sqrt{3}-10$.

∴ 存在满足条件的点 P, 点 P 坐标为 $(2,8\sqrt{3}-10)$ 或 $(2,-8\sqrt{3}-10)$.

(3) 设移动的抛物线方程为 $y=-x^2+2x+8+h$,

∵ 线段 EF 的方程为 $y=x+8$ $(-8\leqslant x\leqslant 4)$,

∴ 命题等价于讨论 h 的取值范围, 使方程 $-x^2+2x+8+h=x+8$ 在 $-8\leqslant x\leqslant 4$ 时有解.

由 $-x^2+2x+8+h=x+8$, 得 $h=x^2-x$,

∵ 当 $-8\leqslant x\leqslant 4$ 时, 函数 $y=x^2-x$ 的 y 的取值范围是 $-\dfrac{1}{4}\leqslant y\leqslant 72$,

∴ h 的取值范围是 $-\dfrac{1}{4}\leqslant h\leqslant 72$.

∴ 要使抛物线与线段 EF 总有公共点, 抛物线向上最多可平移 72 个单位长度, 向下最多可平移 $\dfrac{1}{4}$ 个单位长度.

22. 解: 根据绝对值的定义, $|a-b|$ 的几何意义是数轴上表示 a 与 b 的两点之间的距离, 因此有:

(1) 当 $1\leqslant x\leqslant 3$ 时, 函数 y 有最小值, 最小值为 2.

(2) 当 $x=2$ 时, 函数 y 有最小值, 最小值为 2.

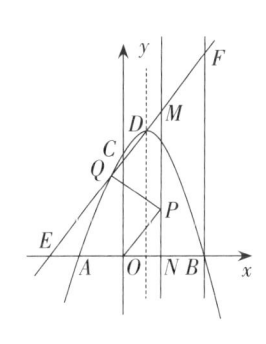

（3）如果 n 是奇数，当 $x=\dfrac{n+1}{2}$ 时，函数 y 有最小值，最小值为 $2+4+6+\cdots+(n-1)=\dfrac{1}{4}(n^2-1)$；如果 n 是偶数，当 $\dfrac{n}{2}\leqslant x\leqslant\dfrac{n}{2}+1$ 时，函数 y 有最小值，最小值为 $1+3+5+\cdots+(n-1)=\dfrac{n^2}{4}$.

（4）∵ $y=|x-1|+|2x-1|+|3x-1|+|4x-1|+|5x-1|+|6x-1|$ 可写成

$$y=|x-1|+2\left|x-\dfrac{1}{2}\right|+3\left|x-\dfrac{1}{3}\right|+4\left|x-\dfrac{1}{4}\right|+5\left|x-\dfrac{1}{5}\right|+6\left|x-\dfrac{1}{6}\right|$$

$$=|x-1|+\left(\left|x-\dfrac{1}{2}\right|+\left|x-\dfrac{1}{2}\right|\right)+\left(\left|x-\dfrac{1}{3}\right|+\left|x-\dfrac{1}{3}\right|+\left|x-\dfrac{1}{3}\right|\right)+\cdots+\left(\left|x-\dfrac{1}{6}\right|+\cdots+\left|x-\dfrac{1}{6}\right|\right),$$

其中共含有 $1+2+3+4+5+6=21$ 个绝对值，21 是奇数，要使 y 最小，x 应取最中间一个值 $\dfrac{1}{5}$.

∴ 当 $x=\dfrac{1}{5}$ 时，$y=\left|\dfrac{1}{5}-1\right|+\left|2\cdot\dfrac{1}{5}-1\right|+\left|3\cdot\dfrac{1}{5}-1\right|+\left|4\cdot\dfrac{1}{5}-1\right|+\left|5\cdot\dfrac{1}{5}-1\right|+\left|6\cdot\dfrac{1}{5}-1\right|=\dfrac{11}{5}$,

∴ 当 $x=\dfrac{1}{5}$ 时，y 有最小值，最小值为 $\dfrac{11}{5}$.